A Study on the Cultivating Function of
Ideological and Political Education in Chinese Thematic Painting

张亮 著

中国主题性绘画的思想政治教育育人功能研究

中国社会科学出版社

图书在版编目（CIP）数据

中国主题性绘画的思想政治教育育人功能研究／张亮著.—北京：中国
社会科学出版社，2020.5
ISBN 978 - 7 - 5203 - 6169 - 9

Ⅰ.①中…　Ⅱ.①张…　Ⅲ.①绘画教育—应用—思想政治教育—
研究—中国　Ⅳ.①D64②J2

中国版本图书馆 CIP 数据核字（2020）第 051576 号

出 版 人	赵剑英
责任编辑	王　琪
责任校对	沈丁晨
责任印制	王　超

出　　版	中国社会科学出版社
社　　址	北京鼓楼西大街甲 158 号
邮　　编	100720
网　　址	http://www.csspw.cn
发 行 部	010 - 84083685
门 市 部	010 - 84029450
经　　销	新华书店及其他书店

印　　刷	北京明恒达印务有限公司
装　　订	廊坊市广阳区广增装订厂
版　　次	2020 年 5 月第 1 版
印　　次	2020 年 5 月第 1 次印刷

开　　本	710×1000　1/16
印　　张	13.5
字　　数	210 千字
定　　价	139.00 元

凡购买中国社会科学出版社图书，如有质量问题请与本社营销中心联系调换
电话：010 - 84083683

序

　　中国特色社会主义进入新时代以来，文艺领域发生了翻天覆地的变化，这种变化表现在：功利性与非功利性、产业性与非产业性、意识形态与非意识形态、艺术与非艺术的纠葛与嬗变。文艺或艺术的非功利性的美学本质属性与文艺或艺术作为市场上产品流通的功利的产业属性，纠结于当下的文艺表现形态之中，产生了"二重化"矛盾。在这一"二重化"矛盾中，伴随着社会主义市场经济的发展，市场的逐利性也对文化作品产生了负面社会影响，出现了"去思想化""去价值化""去主流化""去道德化""去中国化"的思潮，片面地、单纯地、盲目地趋附市场、迎合市场，有些作品热衷表现"假丑恶"，以丑为美，以恶为美，明显缺少明辨是非、丑恶的能力，缺乏呼唤爱、追求真、引向善的能力，导致中国主题性绘画育人功能的弱化态势，失去了应有的思想力量和社会责任，对社会风气和民族灵魂造成了伤害。本书从马克思主义文艺理论的基本内涵出发，以中国主题性绘画、思想政治教育育人功能等核心概念为出发点，以习近平总书记在文艺工作座谈会上的重要讲话和党的十九大报告为重要依托，分析研究如何通过中国主题性绘画更好地发挥思想政治教育育人功能。

　　从国外相关研究现状来看，世界各国都非常重视意识形态的宣传工作，尤其是通过文化艺术作品传播思想价值，如开展美术课堂活动、组织主题性美术作品展览、社区文化艺术宣传等，使得发达资本主义国家在文艺育人方面取得很好成效，值得借鉴。例如美国的哈佛大学为了提高学生素质，进行通识教育，采用核心课程制度，文学艺术成为与外国文化、历史研究、道德伦理、社会分析和自然科学同等重要的核心课程。此外，美国在《艺术教育国家标准》中就明确提出了艺术是生活与学习的重要组成部分，可有效培育学生的创造力、表现力、想象力等。英国在新版的《英国国家美术与设计课程》中，将原来的"美术"改为"美术与设计"，目的在于通过美术与设计课程为学生提供视觉、触觉以及感觉上的多种体验，拓宽学生的学习领域，扩大知识视野，帮助学生探索各种思想以及在美术设计创作中产生的个人体验，发展个性。俄罗斯的主题性美术作品是宣传爱国主义教育的有力武器，是由国家主导、艺术家创作完成的艺术行为，表现了国家体制力量，成为俄罗斯民族精神记忆的一种文化载体。

从国内相关研究现状来看，中国主题性绘画作为能够反映并宣传我们党和国家所倡导的社会主流意识形态和主流价值观念的艺术形式和传播载体，近年来备受重视。多数国内研究学者都是从艺术教育的角度出发，少有学者从思想政治教育学科出发，来研究中国主题性绘画的思想政治教育育人功能。有的学者从培育社会主义核心价值观现实挑战出发，着眼于情感教育，通过艺术的审美认同与理性认同的统一实现价值认同；着眼于价值教育，通过艺术的审美价值与人生价值的统一引导正确的人生价值观；着眼于理想教育，通过审美理想与人生理想的统一树立科学的人生价值理想，充分挖掘现实生活中的艺术之美，把审美与核心价值观培育辩证地统一起来，更有利于培育和践行社会主义核心价值观。有的学者从新媒体的角度出发实现寓教于乐，将德育的理念、主旨和精神，自然而然地寓于新媒体形态的文学艺术、数字影像和娱乐游戏中，使人们获得情感体验、思想启迪和价值引领，思想情操在潜移默化中得到陶冶和升华，有力地促进了人的全面发展和社会全面进步。还有学者从革命美术作品中挖掘思想政治教育资源，对不同时期革命美术作品的思想政治教育功用进行了评析，新时代要积极运用革命美术作品抢占思想政治教育的舆论制高点，充分把握不同年龄群体特点，运用革命美术作品分门别类进行教育，充分运用革命美术作品的资源优势，掌握思想政治教育话语权。

再从现实角度看，当下中国的文艺工作者肩负着重大的社会责任，其艺术作品能否起到正面引导作用，这个问题日益受到党和国家的高度重视。但当前,一些文艺作品过于追求经济效益,忽视社会效益,对人民的身心健康造成了不良影响。此外,有关方面的监管也存在一定问题,导致市场或者媒体出现过度娱乐化现象,这些都给培育社会主义核心价值观带来了阻力。为此,习近平总书记在 2014 年 10 月召开的文艺工作座谈会上也进一步明确,"实现中华民族伟大复兴需要中华文化繁荣兴盛","文艺是时代前进的号角,最能代表一个时代的风貌,最能引领一个时代的风气",并强调"文艺工作者是铸造灵魂的工程师","当代文艺更要把爱国主义作为文艺创作的主旋律,引导人民树立和坚持正确的历史观、民族观、国家观、文化观,增强做中国人的骨气和底气"。2017 年 2 月,中共中央、国务院印发了《关于加强和改进新形势下高校思想政治工作的意见》,号召广大思想政治工作者"开展丰富多彩、积极向上的学术、科技、体育、艺术和娱乐活动,把德育与智育、体育、美育有机结合起来,寓教育于文化活动之中"。2018 年 8 月,习近平总书记给中央美术学院八位老教授的回信中强调:美术教育是美育的重要组成部分,对塑造美好心灵具有重要作用。加强美育工作,扎根时代生活,遵循美育特点,弘扬中华美育精神,让祖国青年一代身心健康成长。从这个角度来看,本书是富有指向性的理论意义和现实意义的。

伟大的时代需要伟大的文艺。本书认为,必须坚持马克思主义思想理论下的马克思主义文艺观的指导,树立正确的文化舆论导向。我国正处于全面深化改革、建设法治中国、实现中华民族伟大复兴的"中国梦"的历史新阶段,亟须文艺凝聚精气神、传播正能量,通过大量弘扬积极进取、健康向上的优秀文艺作品,激发全社会团结奋进的强大力量,为实现"中国梦"提供强大的精神动力。社会主义文艺工作者肩负着弘扬中国精神、自觉践行社会主义核心价值观的神圣使命,要讲好具有中国作风、中国精神、中国气派的"中国故事",把符合社会主义核心价值观、符合广大人民群众主流价值的社会主义文艺作为前进和发展的主要方向。

本书以当前各种思想活跃,各种价值观念碰撞,出现有高原无高峰、有数量无质量的文艺创作现象的剖析为例,以马克思主义文艺理论的基本内涵为基础，分析了我国进入新时代以来，如何通过中国主题性绘画更好实现思想政治教育育人的问题，并提出优化策略，即树立马克思主义文艺观，形成新时代德艺双馨的创作主体队伍；培育时代新人，发挥新时代中国主题性绘画育人功能，就要表达人民生活，坚持以人民为中心的创作导向；设立国家文艺荣典制度，为新时代中国主题性绘画发挥思想政治教育育人功能进行价值支撑；研究"文化＋"与"互联网＋"的业态融合，促进新时代中国主题性绘画育人的优化运行。

以上是本书的理论意义和现实意义之所在。

目　录

引　言

第一节　研究缘起

中国共产党在领导全国人民进行民族独立与解放斗争和中国特色社会主义建设中，始终重视思想文化建设，尤其重视通过各种艺术形式，表达时代声音、引领并塑造人的行为规范。中国主题性绘画是文艺作品的重要表现形式，对于宣传党的政策方针、凝聚人民的精神力量发挥着不可忽视的作用。尤其是在新民主主义革命时期、社会主义建设时期以及改革开放时期以来，中国主题性绘画都发挥了引领时代新风尚的旗帜作用，或通过直观的艺术表现形式给予人心灵的震撼，或通过婉约、细腻的绘画手法，给予人心灵的慰藉，总能起到教育人民的作用。"历史和现实都证明，中华民族有着强大的文化创造力。每到重大历史关头，文化都能感国运之变化、立时代之潮头、发时代之先声，为亿万人民，为伟大祖国鼓与呼。"①

不同的历史时期，中国主题性绘画具有不同的创作风格，发挥着不同程度的教育人、启迪人的作用。那么，在新的时代条件下，要通过鲜明的主题创作，及时反映各行各业先进人物的事迹，运用直观的艺术形式，传达党的新时代中国特色社会主义思想，帮助人民抵御各种社会思潮的错误引导，形成人民坚定的理想信念和文化自信，与党和国家同心同德迈向新时代。但是当前社会出现了党员干部理想信念动摇，人民群众精神萎靡，各种思想活跃，各种价值观念碰撞，敌对势力借助互联网

---

① 习近平：《在文艺工作座谈会上的重要讲话》，《人民日报》2015年10月15日第1版。

进行干扰破坏等情况，更加需要积极探索各种群众喜闻乐见的艺术形式，审时度势，高扬主旋律，唱响正气歌，因势利导，创新思想政治教育的内容和载体，发挥教育人、引领人的作用。

一　全球化背景下西方意识形态的渗透

"资产阶级思想体系的渊源比社会主义思想体系久远得多，它经过了更加全面的加工，它拥有的传播工具也多的不能相比"①，全球化的国际环境不仅改变了全球物质商品生产与流通的生态格局，而且改变了文化意识形态、价值观念在全球的传播模式。伴随着西方社会思潮不断渗透，西方国家把自己的文化观、价值观、意识形态倾销到了全世界，文化输出成为西方国家对我国进行意识形态渗透和价值观输出的重要途径，深刻影响着中国人的精神生活。"美国中产阶级的审美趣味和审美方式用其光怪陆离、充满视觉冲击的形象，煽情和鼓动的感性，撩拨着中国人的潜伏着的种种欲望。"② 值得注意的是，西方审美文化并不甘于做一个静静的看客，而是将传播西方价值观、改造中国人的精神世界作为主要目的。在其海量的审美文化产品中，裹挟着西方的价值观念，这些都给人民思维方式和价值观念造成极大冲击，使我国意识形态领域受到极大威胁与挑战。面对西方资本主义文化意识形态地不断渗透，如何在全球化的世界格局中有效发挥我国的思想政治教育育人功能，更好地培育和弘扬社会主义核心价值观，维护国家意识形态安全，成为我国当前迫切需要解决的一大难题。因此，当前思想政治教育工作的重要使命，就是"要巩固马克思主义在意识形态领域的指导地位，巩固全党全国人民团结奋斗的共同思想基础"③。习近平总书记在文艺工作座谈会上的讲话中强调，不能用西方标准"剪裁中国人的审美"，而要"坚守中华文化立场、传承中华文化基因，展现中华审美风范"④，创造出展

---

① 《列宁全集》（第 6 卷），人民出版社 1986 年版，第 40 页。
② 黄卫星：《审美价值观的传播与建构——当代美育中的对话与交往》，人民出版社 2012 年版，第 48—49 页。
③ 《习近平谈治国理政》，外文出版社 2014 年版，第 153 页。
④ 习近平：《在文艺工作座谈会上的重要讲话》，《人民日报》2015 年 10 月 15 日第 1 版。

现中华审美风范的经典作品，"坚持团结稳定鼓劲、正面宣传为主，是宣传思想工作必须遵循的重要方针。我们正在进行具有许多新的历史特点的伟大斗争，面临的挑战和困难前所未有，必须坚持巩固壮大主流思想舆论，弘扬主旋律，传播正能量，激发全社会团结奋进的强大力量。关键是要提高质量和水平，把握好时、度、效，增强吸引力和感染力，让群众爱听爱看、产生共鸣，充分发挥正面宣传鼓舞人、激励人的作用"①。

二　市场经济下培育社会主义核心价值观的现实挑战

新时代背景下的文艺作品因其教育性、艺术性、娱乐性等特征，成为丰富和娱乐人民日常生活必不可少的重要组成部分。市场经济改革的逐步深入和对外开放程度的逐渐加深，不仅改变了文艺创作的发展方向，还改变了广大人民群众对文化产品的消费方式。艺术的非功利性美学本质与艺术的功利性产业属性，统一于艺术产品的表现形态之中，这一"二重化"矛盾改变了传统艺术创作视域下审美趋势的变化，导致了现代人诸如审美价值观的扭曲、审美能力弱化等问题，对培育社会主义核心价值观提出了现实挑战。

第一，市场经济条件下文化复制品泛滥，出现市场价值压倒艺术价值的现状，大量低俗审美产品扭曲了人民的审美价值观，给人民的审美感官造成深度影响。

一些文艺作品过于追求经济效益，忽视了社会效益，对人民的身心健康造成了不良影响。习近平总书记在文艺工作座谈会上的讲话中深刻地指出："有的搜奇猎艳、一味媚俗、低级趣味，把作品当作追逐利益的'摇钱树'，当作感官刺激的'摇头丸'，这不仅是对文艺的一种伤害，也是对社会精神生活的一种伤害。"② 这些低俗的文艺作品泛滥的后果是人民审美感知能力的扭曲和麻痹，影响着人民的审美需要和审美

---

① 习近平：《胸怀大局把握大势着眼大事　努力把宣传思想工作做得更好》，《人民日报》2013年8月21日第1版。

② 习近平：《在文艺工作座谈会上的重要讲话》，《人民日报》2015年10月15日第1版。

选择，歪曲了人民的审美价值观，阻碍了社会主义核心价值观的培育。这一结果是难以唤醒现代人情感上的审美之维，其在更深层次上导致人民情感中的德性之维的动摇，导致"大众的价值心理、审美行为不断趋时趋新难以上升到健康的理性精神方面，出现了审美趣味庸俗化、审美理想空虚化、审美追求迷惘化"①，进而导致欣赏主体审美意识的沦丧或自我迷失，给育人功能的发挥带来严峻挑战。总之，审美价值观的扭曲给培育社会主义核心价值观带来了难度。

第二，现代艺术作品市场化，造成了人民审美能力的弱化。

文艺市场乱象丛生，出现了有高原无高峰、有数量没质量的文艺创作现象。面对新时期文艺发展出现的新问题、新情况，习近平总书记创造性地回答了如何进一步发展和繁荣我国社会主义文艺的一系列根本性问题，给培育社会主义核心价值观提出了新的历史课题。习近平总书记在文艺工作座谈会上发表重要讲话中指出："实现'两个一百年'的奋斗目标，文艺创作不可替代。""文艺不能当市场的奴隶，不要沾满了铜臭气"，要"像蓝天上的阳光、春季里的清风"，"在文艺创作方面，也存在着有数量缺质量、有'高原'缺'高峰'的现象，存在着抄袭模仿、千篇一律的问题，存在着机械化生产、快餐式消费的问题"②。由此可见，市场经济包裹的现代艺术作品，无形中造成了现代人审美的弱化，体现为人民审美感知能力的衰退、审美创造能力的缺失、审美趣味和审美理想的降低等问题。审美感知能力的弱化，让人丧失了共情的能力，给培育社会主义核心价值观带来了阻力。

总之，市场经济下的文艺创作，导致审美文化的载体发生了深刻变化，影响着现代人的审美认知，造成现代人审美价值观的扭曲、审美能力的弱化，影响了人民的审美价值的取向和选择，这些都给培育社会主义核心价值观带来了现实挑战。当前，我国正处于全面深化改革、建设法治中国、实现中华民族伟大复兴"中国梦"的历史新阶段，亟须文

---

① 黄卫星：《审美价值观的传播与建构——当代美育中的对话与交往》，人民出版社 2012 年版，第 47 页。

② 习近平：《在文艺工作座谈会上的重要讲话》，《人民日报》2015 年 10 月 15 日第 1 版。

艺聚气凝神，伟大的时代需要伟大的文艺，通过优秀的文艺作品弘扬主旋律，传播正能量，让人民在艺术享受和身体体验中辨别真、善、美和假、恶、丑，引领人民健康的审美品位和人生价值，激发全社会团结奋进，为实现中华民族伟大复兴的"中国梦"提供更为强大的精神动力。

三　当前思想政治教育面临的新形势

改革开放以后，我国进入社会主义现代化建设新时期，当前思想政治教育面临新的发展形势。

1. 从外部环境来看

现代数字技术迅速发展，境内外敌对势力利用互联网等新兴媒体和技术诽谤我们党和政府，传播历史虚无主义，丑化我们的民族英雄，扰乱青少年心智发展。这些反华势力的舆论具有较大欺骗性，使我们多年经营的民族印象和先烈形象受损，极大地干扰和破坏着革命传统教育。所以，要加强思想政治教育抵御风险的能力，提升教育人、引领人、凝聚人的育人功能，增强人民群众对中华民族历史文化的广泛认同感，提高人民群众的鉴别能力。

2. 从内部环境来看

党的十八大以来，党和国家在加强意识形态建设中高度重视思想政治教育。党的十九大以来，党和国家更加重视意识形态工作。如大力培育和践行社会主义核心价值观、加强思想道德建设、繁荣发展社会主义文艺、推动文化事业和文化产业发展等。党的十九大报告指出："要以培养担当民族复兴大任的时代新人为着眼点，强化教育引导、实践养成、制度保障，发挥社会主义核心价值观对国民教育、精神文明创建、精神文化产品创作生产传播的引领作用，把社会主义核心价值观融入社会发展各方面，转化为人民的情感认同和行为习惯。"① 党中央召开了全国高校思想政治工作会议和全国宣传思想工作会议，把意识形态工作置于极端重要的地位，通过各种接地气的文化艺术作品传播党的思想，

---

① 习近平：《决胜全面建成小康社会　夺取新时代中国特色社会主义伟大胜利——在中国共产党第十九次全国代表大会上的报告》，人民出版社2017年版，第42页。

教育人、引导人，尤其是青少年一代，"青年兴则国家兴，青年强则国家强"。引导青年人接触更多的优秀艺术作品，从而激励青年追求一种更有意义、更有价值和更有情趣的人生，激励青年去追求自身的高尚，提高自己的人生境界。

3. 从教育对象和途径来看

社会发展日新月异，出现了强劲的信息化、智能化、全球化趋势，人的思想空前活跃，多元文化的交融、各种思潮的涌现和价值观念的碰撞，使得青少年在价值选择上、思想认识上增加了难度，以往行之有效的育人方法如今也很难适应新时代的变化，传统策略中抽象的文字和简单说教，以及依靠报纸、广播以及墙报等传统媒体开展思想政治教育的老旧方法，已经不能适应新时代、新发展的现实需求。面对新问题，我们必须寻求积极有效的解决方法。如何寻找更为直接有效的手段来发挥思想政治教育育人功能，是当代思想政治教育从业者面临的新课题。

四　发挥中国主题性绘画的新时代思想政治教育育人功能

思想政治教育是提高公民政治参与能力和培育社会主义核心价值观的重要手段，而艺术教育是以艺术为教育媒介的让教育行为双方共同参与并产生思想交流的审美活动。开展有效的艺术教育能够为国家和社会培养多领域、多层次的高端人才，进而促进整个社会稳步发展，二者在精神内核和价值追求上具有一致性。党的十八大以来，我国相继出台了一系列关于加强艺术教育建设的相关政策，让艺术成为发挥思想政治教育育人功能的重要手段和渠道，这也为新时代思想政治教育发挥育人功能带来了新机遇。

1. 党中央关于美育的一系列论述为本研究提供了有力的理论支撑

习近平总书记在党的十九大报告中强调要加强和改进思想政治工作，并指出中国革命历史是思想政治教育最好的营养剂。以革命历史人物和事件为中国主题性绘画的表现对象，因其形象直观且富有感染力，极大地增强了革命传统教育的生动性和持久性。而新时代的中国主题性绘画创作，不仅可以表现革命重大历史事件，培养人民不忘历史、牢记使命的爱国情怀，还能描绘人民当前的美好生活，激励人民为实现中华民族伟大复兴的中国梦而奋斗。中国主题性绘画的思想政治教育既是补充教育，又是延伸教育，是思想政治教育的优质资源。新时代中国主题性绘画作为一种独特的文化艺术，能够为人民群众创作出历史观和价值观统一、继承性与创新性并举、时代性与民族性融合的文化产品。通过集思想性、政治性、教育性和艺术性于一体的内容与形式，中国主题性绘画可以直观而富有表现力地描绘人民美好生活的愿景，使人民在欣赏艺术作品的同时实现思想性与艺术性的完美统一。2004 年，《中共中央国务院关于进一步加强和改进大学生思想政治教育的意见》中提出：号召广大思想政治教育工作者"开展丰富多彩、积极向上的学术、科技、体育、艺术和娱乐活动，把德育与智育、体育、美育有机结合起来，寓教育于文化活动之中"。2018 年 8 月，习近平总书记给中央美术学院八位老教授回信强调："美术教育是美育的重要组成部分，对塑造美好心灵具有重要作用。加强美育工作，扎根时代生活，尊重文艺规律，弘扬中华美育精神，让祖国青年一代身心健康成长。"① 由此可见，一方面，中国主题性绘画作为传播国家主流意识形态的文化艺术形式之一，是进行思想政治教育实现育人功能的重要途径，历来受到党和国家的重视。另一方面，近年来，由于党和国家的高度重视以及荣典制度的完善，比如国家重大历史题材创作工程和国家艺术基金的设立，使中国主题性绘画创作取得了令人瞩目的成就，并呈现出良好发展态势。如沈尧伊的《遵义会议》、陈坚的《公元一千九百四十五年九月九日九时·南京》、宋惠民的《攻克锦州》等一大批作品，赢得了广大观众的一致好评，达到了很好的"成教化，助人伦"的育人效果。

2. 充分利用中国主题性绘画这一艺术教育手段，更有效地加强和改进思想政治教育工作

首先，运用艺术教育手段丰富思想政治教育内涵。在艺术审美活动过程中，提升受教育者的审美能力，在无意识中接受教育，并且接受同美的观念相联系的道德观念。思想政治教育与中国主题性绘画这一艺术教

① 《习近平给中央美术学院老教授的回信》，2018 年 8 月，新华网（http://www.xinhuanet.com/2018—08/30/c_ 1123355797. htm）。

育手段的内在联系，决定了在进行思想政治教育过程中，教育者通过一系列手段和有效途径潜移默化地影响受教育者，最终实现艺术教育育人，成为丰富人民生活的有效手段。其次，艺术教育手段能够创新思想政治教育模式。思想政治教育发挥育人功能，遵循以情感人、以理服人和以文化人的原则，但仅仅靠语言来进行思想教育工作，会给受教育者一种"灌输式"的教育体验，而反观艺术教育，讲究以美感动人，以情感染人，会让受教育者通过艺术这一媒介进行情感体验，从而提高人民的人文素质和道德修养。实践证明，通过中国主题性绘画开展积极有效的艺术教育，可以提高受教育者的个人修养，提升其综合素质，促进受教育者自由全面发展。最后，艺术教育手段能够拓宽思想政治教育路径。以高校课堂为例，高校课堂是对大学生进行思想政治教育的重要途径，而艺术教育具有灵活性、艺术性和满足多层次需求的优势，在满足学生知识要求的基础上，丰富大学生校园生活，有效提升大学生的审美能力和鉴赏水平，充分突出艺术教育的精神性内涵，拓宽思想政治教育路径。

第二节　文献综述

本书的研究对象是"中国主题性绘画的思想政治教育育人功能"，是将"中国主题性绘画"限定在思想政治教育育人功能的视域下进行研究。从目前文献检索来看，国内美术史论和思想政治教育学界很少见到专门研究该命题的学术专著，更多地是研究美术教育与思想政治教育的关系；国外也没有关于中国主题性绘画的直接论述。基于此种情况，现将与中国主题性绘画相关研究进行归纳综述。

一　国外相关研究与主要论点

世界各国都非常重视意识形态宣传工作，尤其通过文化艺术来传播思想价值，反映主流文化，例如，开展美术课堂活动、组织主题性美术创作、社区文化艺术宣传等，使发达资本主义国家在文艺育人方面取得很好成效，值得借鉴。因此，应该合理的借鉴国外文艺育人的有益经验。收集和整理国外文献的路径主要有以下几种。一是用传统方式收集资料，如图书馆阅读、网上订购等。二是利用国外数据库进行文献追踪。三是通过实地考察，如参加国际展览、观摩国外美术课堂教学等，深度挖掘国外文艺育人的实践资源。

1. 美国

主题性插图艺术是美国文化重要的表达形式之一。美国的插图艺术兴起于19世纪下半叶，兴盛于第二次世界大战时期，发展于今天，重在表现时事、政治以及战争，集中于主题性、情节性的油画插图艺术。通过研究美国主题性、情节性的油画插图创作可以发现，它的发展符合美国政治历史发展历程，成为满足大众的精神文化需求，是进行公民教育的重要文化载体。此外，美国许多教育家、心理学家都参与到学生教育工作中，重视教育对象自我发展，注重培养学生的品德素质及其能力。艺术教育成为培养学生综合素质的重要支撑。1977年，美国发表了一份报告《我们的领悟——艺术对美国教育的重要性》，阐述艺术教育对于美国教育与国家发展的意义。1993年颁布施行的《2000年目标：美国教育法》，明确将艺术课程列入了核心课程。哈佛大学为了提高学生素质，进行通识教育，采用核心课程制度，文学艺术成为与外国文化、历史研究、道德伦理、社会分析和自然科学同等重要的核心课程。此外，美国在《艺术教育国家标准》中就明确提出了艺术是生活与学习的重要组成部分，可有效培育学生的创造力、表现力、想象力等。美国经济学家通过多个城市的调研发现，文化艺术投入较高的地区，能够吸引高素质的人居住。

2. 英国

英国教育部接受1999年英国教育大臣布伦基特（D. Blunkett）的申请，并通过了其对1992年制定的《国家美术课程》的修改，在新版的《英国国家美术与设计课程》中，将原来的"美术"改为"美术与设计"，目的在于通过美术与设计课程为学生提供视觉、触觉以及感觉上的多种体验，拓宽学生的学习领域，扩大知识视野，帮助学生探索各种思想以及在美术设计创作中产生的个人体验，来培养个性发展。

3. 德国

第二次世界大战后的德国高等美术教育受到政府重视，注重培养

"个性美术家"和学生个性化培养，在模式上，学生可以根据自身的兴趣爱好选择课程，规划自己的学业。宗旨是培养学生对社会、事物的分析能力，培养学生解决问题和独立思考的能力。此外，德国政府在城市中建立纪念碑、纪念馆等，免费供中小学生参观，通过这些形式来提高学生的审美修养和爱国意识。

4. 俄罗斯

俄罗斯的主题性美术作品是宣传爱国主义教育的有力武器。主题性美术创作在当今俄罗斯价值观教育的语境中，是由国家主导、艺术家创作完成的艺术行为，表现了国家体制力量，成为俄罗斯民族精神记忆的一种文化载体。

综上所述，国外在文艺育人方面比较重视实践教育，通过开展各种各样的美术活动来增强教育的实效性，尊重和发展学生个性，注重培养学生解决问题、独立思考和社会实践能力。西方政府鼓励社会、个人开展社会文化艺术活动，成为提高大众审美和实现价值传播的重要推手。

二 国内相关研究与主要论点

国内学界关于思想政治教育功能的研究开始于 20 世纪七八十年代，呈逐年递增趋势，至今已取得了较为丰硕的研究成果，促进了思想政治教育学科发展的完善和思想政治教育研究和工作水平的不断提升，这为本书的研究奠定了良好的基础。通过检索和阅读相关文献资料，发现中国主题性绘画本身就有思想政治教育功能，具有极大的探究空间。其中与本书相关的国内文献分布中，以"思想政治教育育人功能"为篇名的搜索结果是 519 篇；以"主题性"为篇名的搜索结果是 2225 篇；以"中国主题性绘画"为篇名的搜索结果是 137 篇。但目前学界还没有一篇专门且具体研究中国主题性绘画具有的思想政治教育育人功能的文章，对中国主题性绘画所具备的思想政治教育功能的直接研究仍属于理论空白，因此，关于本书的研究既有创新价值，同样也具有一定的困难与挑战。

本书的研究对象是"中国主题性绘画的思想政治教育育人功能"。其中"主题性"是一种意识形态界定，即本书所涉及的历史时间主要限定在新民主主义革命时期，社会主义建设时期以及改革开放至今。不同历史时期我们党和国家对文艺创作不同的论述对中国主题性绘画创作有着显著影响，同时中国主题性绘画的思想政治教育育人功能也发生了变化，进而揭示中国主题性绘画思想政治教育育人功能的演变规律。基于研究对象的界定，现将国内对中国主题性绘画的思想政治教育育人功能的相关研究情况进行归纳。

（一）中国主题性绘画功能相关研究

中国主题性绘画作为能够反映并宣传我们党和国家所倡导的社会主流意识形态和主流价值观念的艺术形式和传播载体，近年来备受重视。可以说，中国主题性绘画已经超越了简单传播载体的工具性，成为国家掌握意识形态、教化人民大众的重要文化艺术形式。但现有研究成果中没有直接明确地提及"思想政治教育育人功能"。为了厘清中国主题性绘画与思想政治教育育人功能之间的联系与区别，充分探索与深入挖掘中国主题性绘画的思想政治教育育人功能的重大价值，本书需对既有相关成果作关联性分析，尤其是对中国主题性绘画的艺术教育功能、美育功能、德育功能进行文献梳理。

1. 中国主题性绘画的艺术教育功能相关研究

艺术教育是通过培养对艺术的理解力和创造力，来提高个人素质和修养的重要的教育手段。在当代社会中，狭义的"艺术教育"可以理解为对培养艺术家或专业艺术人才所进行的各种理论和实践教育；广义的"艺术教育"是美育的核心，它的根本目的是实现人的自由全面发展，通过对优秀艺术作品的欣赏和评析，来提高人民的艺术鉴赏力，培养人民健全的审美心理结构。关于艺术教育研究有很多，如李昱春在《试论艺术的功能和艺术教育》中提出："艺术是一种特殊的社会意识形态，其创作过程是一种特殊的精神产品。艺术作品具有独特的审美价值，其功能具有审美认知、审美教育和审美娱乐的作用。"[1] 当代关于艺术作用的研究也有很多，其中韩若洋在《浅谈艺术的作用》中提出："艺术在人们的生活之中发挥着重要作用。艺术作品具有直观及形象的

---

[1]　李昱春：《试论艺术的功能和艺术教育》，《克山师专学报》2003 年第 4 期。

特征，并蕴含着丰富的思想政治教育资源。"① 刘英丽在《艺术教育功能拓展与学生德育养成的内在逻辑》中提出："艺术教育功能的拓展是素质教育的范畴之一，是培养学生健全人格、高尚品德的必备内容和必由之路。通过赏析优秀的艺术作品，培养学生健全的审美心理结构，陶冶高尚情操，塑造美好心灵，发展创新思维，提高学生的审美能力，最终使学生获得自由而全面发展。"② 黄可著的《中国新民主主义革命美术活动史话》一书侧重历史史料的梳理，他提出："在特定历史背景下，艺术所发挥的社会作用总是有所侧重的。艺术所发挥作用的选择主要是宣传、教育、鼓动人民大众投入革命斗争，以求得中华民族的解放。"③ 盖逸馨、田霞在《中国梦视野下艺术教育助力高校思想政治教育探析》中提出："应充分发挥艺术教育在高校思想政治教育中的作用。艺术教育是美育的主要内核，让学生在艺术的熏陶和影响下，逐渐提高自身的综合审美素质，使之成为认识美、理解美、追求美甚至创造美的人才。"④ 庞丽娜在《美术馆思想政治教育功能》中提出："通过开展美术展览，来对青少年进行思想政治教育，将美术活动与学校的思想政治教育实现有效融合。"⑤ 马列波在《美术教育与思想政治教育关系探讨》中介绍了美术教育与思想政治教育两者之间的关系，并阐述了两者融合的有效途径。由此可见，艺术作品具有直观性、教育性和艺术性，能够净化、愉悦人民的心灵，提高人民的人文素养和审美能力。艺术的宣传教育较之于其他形式的教育，在这些方面具有独到的、不可替代的作用。

2. 中国主题性绘画的美育功能相关研究

美育是指培养学生认识美、发现美和创造美的能力教育，又称审美教育，是全面发展教育不可缺少的组成部分。通过美育可以促进学生的

---

① 韩若洋：《浅谈艺术的作用》，《大众文艺》2011 年第 22 期。

② 刘英丽：《艺术教育功能拓展与学生德育养成的内在逻辑》，《教育理论与实践》2015 年第 28 期。

③ 黄可：《中国新民主主义革命美术活动史话》，上海书画出版社 2006 年版，第 447 页。

④ 盖逸馨、田霞：《中国梦视野下艺术教育助力高校思想政治教育探析》，《思想理论教育导刊》2016 年第 5 期。

⑤ 庞丽娜：《美术馆思想政治教育功能研究》，《大众文艺》2014 年第 16 期。

德、智、体的发展，培养认识美、体验美、感受美、欣赏美和创造美的能力，使学生具有美的理想、美的情操、美的品格和美的素养。如蔡元培先生提出的"五育并举"教育方针，其中的美感教育就是非常有特色的教育思想，尤其以"美育代宗教"的口号，强调美育是一种重要的世界观教育。秦蓁在《艺术的使命——实现"以美育人，以文化人"的育人目标》一文中提出："美育的特殊主要体现在通过审美手段，去影响人的心灵，并由此影响人的思想、情感、意志，乃至理想、奋斗目标和做人的价值追求。"[1] 张玉忠在《艺术的审美功能》一文中提出："艺术是人类的精神食粮，它是伴随着人类精神、意识形态逐步向高度进化而发展的。"[2] 张雄伟、史陪军在《以新时代美育精神为指引　落实立德树人根本任务》一文中指出："立德树人需要美育来完成对情感的'礼乐教化'，需要美育来培养理想的人、完美的人、全面和谐发展的人。新时代美育精神是美育工作的行动指南，我们要更加自觉地以大爱之心育莘莘学子，以大美之艺绘传世之作，不断激励广大青年学生不负人民期望，不辱时代使命，为实现中华民族伟大复兴的中国梦贡献智慧和力量。"[3] 刘叔成等著的《美学基本原理》一书中指出："道德教育主要是使人对善恶的原则界限加深理解，它偏重于说理，并要求人民用一系列的道德规范要求自己、约束自己。美育主要是靠美的事物和意象打动人，把思想品德教育寓于美育之中，以美引善，使人在效法榜样的潜移默化之中实现道德教育，使人乐善好为。"[4] 可见，美育用优美感人的艺术形象，可以帮助人民认识和调剂生活，树立崇高理想，从而受到生动的思想政治教育，促进受教育者的政治品质、道德面貌和思想感情健康的成长。

3. 中国主题性绘画德育功能相关研究

由于艺术与德育之间存在着密切关联，如"文艺德育""文艺载

---

[1] 秦蓁：《艺术的使命——实现"以美育人，以文化人"的育人目标》，《文化创新比较研究》2018 年第 19 期。

[2] 张玉忠：《艺术的审美功能》，《新美术》1985 年第 3 期。

[3] 张雄伟、史培军：《以新时代美育精神为指引　落实立德树人根本任务》，《中国教育报》2018 年 10 月 9 日第 3 版。

[4] 刘叔成、夏之放：《美学基本原理》，人民出版社 2002 年版，第 473 页。

德"。中国主题性绘画德育功能的相关学术探索为本书研究提供了丰富的思想资源，理应纳入研究视角。在古代，孔子在道德教育上坚持"至于道，据于德，依于仁，游于艺"。众多儒家学者甚至将"艺"当作道德启蒙，以及人由自然个体步入社会集体所必经的途径。在一千多年前，我国唐代的画家张彦远在《历代名画记》中指出，绘画的作用具有"成教化、助人伦、穷神变、测幽微"[1] 和"鉴戒贤愚，怡悦情性"[2] 的作用。鲁迅先生在《鲁迅论美术》一书中说："美术可以辅翼道德美术之目的，虽与道德不尽符，然其力足以渊邃人指性情，崇高人之好尚，亦可辅道德以为治。物质文明，同益曼衍，人情因亦同趋于肤浅；今以此优美而崇大之，则高洁之情独存，邪秽之念不作，不待惩劝，而国义安。"[3] 还有的研究观点认为，艺术教育在大学德育乃至整个大学教育中扮演着十分重要的角色，发挥积极的德育功能。檀传宝在《德育对美育的辅助作用及其阈限》中提出："美育在学校教育中的一个重要功能，有助于促进其他教育实效的提高。在促进德育有效性方面，美育的优势更为明显。"[4] 赵思童在《大学生德育中融入艺术教育的思考》中提出："在大学生德育中融入艺术教育是人才培养的重要历史经验，落实艺术教育在立德树人方面的独特而重要作用，也是人才培养的重要工作。"[5] 张瑜在《试论高校艺术教育的德育功能》中提出："艺术教育是培育高素质人才和传播先进文化的重要手段，是占领政治思想教育制高点的重要工具，要充分利用艺术赏析来抢占政治思想教育的'主阵地'。"[6] 杨晓华在《高校德育与艺术教育的关系探析》中提出："德育需要艺术滋养，艺术需要道德支撑；艺术具有特有的德育功能，艺术教育能够促进德育发展，德育能够帮助树立正确的审美观。"[7]

---

① 张彦远：《历代名画记》（第1卷），人民美术出版社1963年版。
② 张彦远：《历代名画记》（第6卷），人民美术出版社1963年版。
③ 《鲁迅论美术》，人民美术出版社1982年版。
④ 檀传宝：《德育对美育的辅助作用及其阈限》，《教育学报》2002年第1期。
⑤ 赵思童：《大学生德育中融入艺术教育的思考》，《思想理论教育导刊》2014年第7期。
⑥ 张瑜：《试论高校艺术教育的德育功能》，《学校党建与思想教育》2015年第2期。
⑦ 杨晓华：《高校德育与艺术教育的关系探析》，《思想政治教育研究》2012年第4期。

范国睿在《充分发挥艺术教育的德育功能》一文中提出："艺术教育中的审美活动与道德活动是相互统一的，而当前艺术教育育人中存在一定问题，主要表现为艺术教育中的审美价值与道德价值相背离，陷入功利化和技艺化的趋向，需要重塑与践行艺术教育的德育价值，建立艺术教育的德育目标体系，更好地实现艺术教育育人功能的发挥。"①

（二）　中国主题性绘画的政治教育功能相关研究

政治教育作用是中国主题性绘画发挥的一项重要功能，学界历来重视对中国主题性绘画的政治教育功能研究，尤其是中国主题性绘画对大学生的政治教育功能研究。以此作为研究视角，优秀的艺术作品集思想性、政治性、艺术性、审美性和娱乐性于一身，已成为丰富当代大学生业余文化生活不可缺少的内容。通过中国主题性绘画这一媒介形式对大学生进行政治教育的问题是不容忽视的。相对而言，中国主题性绘画更是集思想性、政治性、教育性为一体的特殊文化样态，其存在与发展具有特定的历史演进轨迹、文化生态环境，承载着意识形态的政治教育使命，在其创作过程中，融入了主流意识形态和主流价值观念，这些意识观念具有政治功能和教育价值。"作为时代精神的产物，红色经典艺术作品反映了中国共产党在不同时期的政治理想、爱国情怀、价值观念和道德诉求，体现着民族精神，作为一种弘扬主旋律的独特的艺术形式，它具有较强的隐形教育功能，对于提高大学生思想政治素质和高尚的道德情操都将发挥着重要的作用。"② 刘湘东的《革命美术作品中的思想政治教育资源之发掘与应用》对不同时期革命美术作品的思想政治教育功用进行了评析，主张在"新时代要积极运用革命美术作品抢占思想政治教育的舆论制高点，充分把握不同年龄群体特点，运用革命美术作品分门别类进行教育，充分运用革命美术作品的资源优势，掌握思想政治教育话语权"③。可见，中国主题性绘画已成为政治宣传与思想教育的

---

① 范国睿：《充分发挥艺术教育的德育功能》，《中国德育》2017 年第 19 期。
② 崔越：《将红色经典艺术作品运用于大学生思想政治教育的研究》，首都师范大学出版社 2012 年版，第 5 页。
③ 刘湘东：《革命美术作品中的思想政治教育资源之发掘与应用》，《思想教育研究》2018 年第 4 期。

重要载体，在满足人民大众精神文化生活需要、提升道德修养，尤其是提高大学生思想政治素质和高尚的道德情操方面，发挥着特殊的政治教育作用。

（三）中国主题性绘画意识形态安全功能相关研究

中国主题性绘画在宣扬先进文化，进行社会主义精神文明建设以及维护国家意识形态安全方面具有重要作用，成为国家掌握意识形态，引导、教育广大民众的重要工具。目前，学界与艺术有关的意识形态安全功能的观点如下。庞桂甲、刘建军的《论社会主义核心价值观培育的审美向度》，分析了当前审美语境对核心价值观培育提出的现实挑战，"着眼于情感教育，通过艺术的审美认同与理性认同的统一实现价值认同；着眼于价值教育，通过艺术的审美价值与人生价值的统一引导正确的人生价值观；着眼于理想教育，通过审美理想与人生理想的统一树立科学的人生价值理想，充分挖掘现实生活中的艺术之美，把审美与核心价值观培育辩证地统一起来，更有利于培育和践行社会主义核心价值观"①。何英的《马克思主义文艺理论在当前中国的实践：问题与解决路径》一书："以马克思主义文艺理论的基本内涵为基础，分析当前文艺创作的问题，如何正确地处理艺术作品的商业属性与价值属性的关系，激发全民族的文化创造活力，维护国家意识形态安全。"② 陈娜、骆郁廷的《以文化人：习近平文艺思想的核心》一文中提出："以文化人可以看作是习近平文艺思想的核心，从目的维度看，一切文艺作品都是为了'化人'，引领人们正确的价值追求，满足精神文化需求，提高审美能力；从内容维度来看，既包括自身的优秀文艺作品，也包括外来的优秀文艺作品，同时还包括时代的优秀文艺作品；从方法维度来看，提高'化人'的艺术和技巧，运用教化、浸化、悟化等手段和方式，达到以文化人的目的。"③ 骆郁廷、方萍的《论新媒体时代的寓教于乐》

---

① 庞桂甲、刘建军：《论社会主义核心价值观培育的审美向度》，《思想政治教育研究》2018 年第 5 期。
② 何英：《马克思主义文艺理论在当前中国的实践：问题与解决路径》，上海大学出版社2018 年版，第 5 页。
③ 陈娜、骆郁廷：《以文化人：习近平文艺思想的核心》，《思想教育研究》2017 年第8 期。

一文中提出："将德育的理念、主旨和精神，自然而然地寓于新媒体形态的文学艺术、数字影像和娱乐游戏中，使人们获得情感体验、思想启迪和价值引领，思想情操在润物细无声、春风化雨中得到陶冶和升华，有力地促进了人的全面发展和社会全面进步。"① 刘飞在《美术作品的思想政治教育功能研究的意义》中指出："新民主主义革命时期，党领导人民推翻'三座大山'的压迫，在这个漫长艰苦的历程中，党积累了很多成功经验，而运用美术作品来团结、教育、感化人们，齐心协力打击敌人的过程就是取得胜利的经验之一。"② 汪洋的《艺术与时代的选择——从美术革命到革命美术》一书中提出，通过对 20 世纪中国美术发展过程中的反思，"艺术家要肩负起自身的社会道德使命感，在遵循艺术创作固有的规律，深刻把握时代精神氛围基础之上，实现艺术的意识形态性和审美性的完美结合，创作出更多的反映时代、弘扬主旋律的艺术作品"③。

（四）美学视域下思想政治教育育人功能相关研究

通过美学视角来探讨思想政治教育育人功能的相关研究比较多，多从美学教育及具体美学形式入手研究，观点如下。

第一，对我国思想政治教育中的审美修养适配教学所存在的问题进行分析并提出了针对性意见，进而在理论层面促进了思想政治教育方式的改革。分析认为，审美修养适配教学这一课题在思想政治教育中有很大的空间，主要是通过丰富的教学内容、创新教学方法和优化教学环境等方法得以完成，并在实现思想政治教育创新发展的意义上明确提出具体的实践途径，是将审美过程中所蕴含的超功利性和情感性元素巧妙地融进思想政治教育中。如祖国华的《思想政治教育审美问题研究》一书中提出，审美教育的主要职能是促进人格的完善与发展。"思想政治教育终极目标的审美化，是个体达到生活与形象的统一，感性与理性的

---

① 骆郁廷、方萍：《论新媒体时代的寓教于乐》，《思想教育研究》2017 年第 3 期。
② 刘飞：《美术作品的思想政治教育功能研究的意义》，《价值工程》2013 年第 6 期。
③ 汪洋：《艺术与时代的选择——从美术革命到革命美术》，浙江大学出版社 2011 年版，第 10 页。

统一，物质与精神的统一，即达到'人格的完整'与'心灵的优美'。"① 《思想政治教育学原理》一书中提出："人的全面发展包括思想道德素质、科学文化素质和心理健康素质。其中，审美艺术素质教育本质上是审美情感培养、陶冶的过程，就是运用美的事物陶冶人的情感，并且在情感陶冶活动中，净化人的灵魂。"② 王茂州和冯军成在《高校思想政治理论课程审美教育的反思与重构》中提出："高校思想政治理论课程审美教育能够坚定大学生的理想信念，强化大学生道德约束能力和增强大学生的人文精神素养。"③

第二，在我国当前所处的社会转型期，意识形态领域受到极大影响和挑战，固有的社会价值体系受到全面的冲击和侵扰，尤其是西方社会思潮不断渗透，致使我们面临一场十分严峻的道德危机。重构道德秩序是亟待澄清和解决的时代性命题，而"美学教育工作者则独辟蹊径，主张普及美育，审美养德"④。美育的提出恰恰紧扣时代方向，回应当前社会转型期的实际需要，也符合和谐社会及慰藉人性的意涵。

第三节　研究思路与方法

根据国内外现状相关研究，结合本书的研究方向，总结出本书遵循以下思路和具体方法。

一　研究思路与内容

探索一个命题，研究某一领域，首先应明确这个命题和领域的研究对象或基本矛盾，其次是确立探索研究务必遵循的指导思想和理论基础，最后是理论联系实际进行实践研究，并在研究基础上实现认识的深化和对规律掌握的升华。本书以中国主题性绘画在思想政治教育中发挥

① 祖国华：《思想政治教育审美问题研究》，人民出版社 2015 年版，第 39 页。
② 陈万柏、张耀灿主编：《思想政治教育学原理》，高等教育出版社 2007 年版，第 7 页。
③ 王茂州、冯军成：《高校思想政治理论课程审美教育的反思与重构》，《广西青年干部学院学报》2018 年第 5 期。
④ 金韧：《美育在解决大学生道德危机中的价值探源》，《理论界》2004 年第 4 期。

的育人功能为出发点，本着"概念厘定—内容分析—脉络梳理—现实境遇—问题破解"的基本思路，力图厘清中国主题性绘画与思想政治教育育人功能二者之间的联系，准确分析中国主题性绘画的思想政治教育育人功能的具体内容，聚焦其实践中的现实困境，最后重点创新性解析，有效地扩展了思想政治教育的方法和手段，丰富思想政治教育理论体系。

第一章，学理性分析。本章首先从厘清"思想政治教育育人功能""中国主题性绘画"的核心概念入手，阐述中国主题性绘画的思想政治教育育人功能的内涵，进而明确思想政治教育育人功能与中国主题性绘画的四种关联，即目标的一致性、对象的同一性、内容的互映性、功能的互济性，进一步分析中国共产党运用中国主题性绘画实现思想政治教育育人的四种特征，即反映对象的人民性、内容形式的表现性、功能发挥的政治性、历史发展的时代性。

第二章，结构性分析。以学理性分析为基础，进一步阐述中国主题性绘画的思想政治教育育人功能"是什么"，即以美育人功能、以情育人功能、以德育人功能。

第三章，历时性分析。本章重点是在纵向动态的层面上进行历时性结构分析，分析新民主主义革命时期、社会主义建设时期以及改革开放时期的中国主题性绘画作品及其表现出的意识形态变化的特征，在此基础上总结归纳中国主题性绘画的思想政治教育育人功能的三个转化。

第四章，共时性分析。在对历史脉络进行分析之后，结合当前实际的整体发展势态，采用案例分析等研究方法，进行横向的共时性分析。首先，从整体上明晰新时代中国主题性绘画的思想政治教育育人理念；其次，分析新时代中国主题性绘画发挥思想政治教育育人功能的机遇；最后，分析新时代中国主题性绘画发挥思想政治教育育人功能所面临的挑战。

第五章，策略性分析。结合前文所述的现实困境与挑战，本章重点探讨中国主题性绘画的思想政治教育育人功能发挥的可行性路径，力图进行创新性解析，尝试构建理想模型。首先，根据习近平总书记有关文艺系列讲话，提炼总结出中国主题性绘画的思想政治教育育人功能的优化理念，并结合新时代中国特色社会主义的实践需要，有针对性地提出中国主题性绘画的思想政治教育育人的四项优化原则以及搭建载体平台；其次，在主体关系方面理顺监管主体、创作主体和接受者三者间的关系，并构建起"三维循环"机制，通过"文化＋"和"互联网＋"的业态融合机制，使中国主题性绘画具有更高的文化精神含量，促进中国主题性绘画的思想政治教育育人功能的有效发挥。

二　研究方法

本书以"问题意识"为导向，坚持辩证唯物主义和历史唯物主义方法论，以马克思主义文艺观为指导，为完成本书采取了以下几种研究方法。

1. 文献研究法

这是本书的基本方法，通过查阅、整理、研究相关文献及学界专家的相关成果，力求为本书的研究寻求理论支撑。

2. 历史与逻辑法

在对研究对象进行全面的、历史性、反思性研究前提下，系统分析和准确把握相关概念、观点和理论，使文章论证能够在历史与逻辑上实现统一。在此基础上，力求主题突出、观点鲜明、结构严谨、层次清晰、语言凝练、论证有力。

3. 归纳与演绎法

本书涉及思想政治教育、艺术学、美学、哲学、文化学、历史学、教育学、社会学等相关学科的基本问题，探析、整合相关学科成果的理论与规律，力求创新，使本书论证得以理论化、系统化、科学化。

4. 案例分析法

列举不同历史时期中国主题性绘画的代表性作品，有针对性地进行案例分析，力求本书的理论研究更具有实证性。

第四节　研究难点和创新点

在新时代背景下，党和国家高度重视美育引领人、教育人的重要作用，而优秀的中国主题性绘画作品能够引领人民产生积极向上的人生态度，在欣赏过程中更能引导人民实现对社会道德准则的正确认知和自觉认同，也是实现全民全社会对共同理想认识的重要载体。同时，充分利用中国主题性绘画这一艺术教育手段，通过审美教育活动，潜移默化地提升受教育者的审美能力，以及接受与美的观念相联系的道德观念，从而实现人的自由全面的发展。因此，艺术教育手段能够丰富思想政治教育内涵，创新思想政治教育模式，拓宽思想政治教育路径。当今怎样运用中国主题性绘画作品来实现育人功能引起了学界的高度关注，陆续推出了一批卓有建树的研究成果，为此，本书对中国主题性绘画的思想政治教育育人功能进行了研究，存在以下难点和创新点。

一　研究难点

目前学术界对于中国主题性绘画的思想政治教育育人功能的界定与构成的相关研究较少且较为零散，然而功能界定是研究的基础条件，也是本书的难点之一。从宏观、中观、微观三个层面及功能的递进关系角度出发，系统准确地界定中国主题性绘画的思想政治教育育人功能的内涵构成，这就给本书提出了较高的原创性要求。

在对中国主题性绘画的思想政治教育育人功能进行分析时，要参考大量的思想政治教育学、哲学、教育学、历史学、政治学、艺术学等学科的相关理论，需要交叉的学科理论的融合，加之笔者本身所处专业的限制，对中国主题性绘画的思想政治教育育人功能现实表征的研究将成为难点之一。

准确把握中国主题性绘画的思想政治教育育人功能发挥的突出问题。中国主题性绘画创作发展本身存在着诸多问题，如何在这些诸多问题中分析找出哪些是思想政治教育育人功能发挥存在的问题，如何对这些问题进行概括提炼，以及这些问题是如何表现出来的，如何准确捕捉突出的现实问题，并以问题为导向进行原因、对策分析，是本书又一难点。

二 研究创新点

1. 在选题上有所创新

就当前来看，对"中国主题性绘画的思想政治教育功能"的研究文献较少，不够全面、深入，大都侧重于研究中国主题性绘画的作品、技法等方面的专业绘画知识分析和研究，涉及中国主题性绘画的思想政治教育功能也是一笔带过，大部分停留在作品的解析和起到的教育作用的探析上，缺乏整体上的理论构建，未能将中国主题性绘画与思想政治教育相结合。本书创造性地将思想政治教育与中国主题性绘画相结合，来探究其思想政治教育育人功能，有助于思想政治教育与社会现实活动的有机结合，是加强和改进新形势下思想政治教育工作的创新载体和有效途径。

2. 在结构性部分的分析有所创新

在分析中国主题性绘画的思想政治教育功能发挥的必要性和可行性的基础上，结合思想政治教育育人功能和中国主题性绘画的特征，总结出中国主题性绘画在思想政治教育中育人功能的具体表现为以美育人、以情育人、以德育人，对三者进行全新阐释。

3. 提出中国主题性绘画思想政治教育功能发挥的重要优化方略

准确把握当前中国主题性绘画创作发展中思想政治教育功能发挥的阻滞问题和原因，依据当前习近平总书记有关文艺系列讲话，提炼总结"一元"指导、两个"需要"、三个"坚持"和四个"要求"的优化理念，创新性地提出"文化＋"和"互联网＋"的业态融合机制，多路径共同促进中国主题性绘画思想政治教育育人功能的有效发挥。

第一章 中国主题性绘画的思想政治教育育人功能的内在规定

中国共产党在开展意识形态工作中，运用中国主题性绘画教育人、引领人，发挥了传达国家意识形态，动员广大群众的作用。在历史的长河中，逐渐形成了具有主导的政治取向、独特的艺术魅力、鲜明的时代主题、丰富的人文价值等特征，内涵丰富。新时代，要深入研究中国主题性绘画思想政治教育育人功能，不仅使中国主题性绘画作为一种艺术表达形式，体现中华文化，反映时代精神，融入人民生活，引导人民的审美，发挥文艺作品功能，更要使中国主题性绘画以"龙文百斛鼎，笔力可独扛"之势，发挥传播价值观念、启迪心灵、强化政治意识、引导思想行为的育人功能。

第一节 中国主题性绘画及思想政治教育育人功能的概念

康德认为："概念只要与对象发生关系，不论对于这些对象的知识是否可能，它们都拥有自己的领地，这个领地仅仅是依靠它们的客体所具有的对我们一般认识能力的关系来规定的。"① 中国主题性绘画具有思想政治教育育人功能，其内涵丰富，在历史与现实的发展中积淀而成。

一 中国主题性绘画

从词源上看，中国主题性绘画最初源于 20 世纪 20 年代苏联的"主

---

① ［德］康德：《判断力批判》，邓晓芒译，人民出版社 2002 年版，"导言"第 8 页。

题性创作",具体是指与国家政治、宗教、历史、社会和文化等领域发生直接或间接关系且具有明确主题思想的绘画作品。要求主题明确、题材典型、情节构思巧妙、人物形象鲜明、创作技巧成熟,尤其重要的是"每到重大历史关头","能感国运之变化、立时代之潮头、发时代之先声、为亿万人民,为伟大祖国鼓与呼"①。由于特殊的历史环境,我们党在革命、建设和改革百年奋斗历程中,通过美术作品传达党的思想方针,实现教育人、引领人的作用。通过梳理可以发现,中国主题性绘画在历史发展的进程中有着不同的名称,分别是"革命画""革命历史题材创作""政治宣传画""中国主题性绘画"。

1. 革命画

新民主主义革命时期,为了适应农民革命运动的深入开展,培养农民干部,毛泽东曾主张运用美术作品育人。1926 年 2 月,毛泽东在广州开展第六届农民运动讲习所(简称"农讲所")培养农民干部时,主张运用生动形象、通俗易懂的艺术形式来宣传党的思想。"毛泽东格外重视增设美术课程,在确定增设美术课程时强调说不要叫'美术课',也不要叫'图画课',而应叫'革命画'。"② 如土地革命时期古元创作的版画《减租会》(见图 1 - 1)和抗日战争时期李桦创作的版画《怒吼吧!中国》(见图 1 - 2),是极具代表性的作品。毛泽东在开展农讲所中确定"革命画"这一课程名称,强调划清革命的美术与一切为剥削阶级服务的旧美术之间的界限,指出我们的美术要服从于无产阶级革命斗争,要在美术工作中贯彻无产阶级革命精神。在党的革命工作中,文艺工作要服从党在革命时期的一切革命任务。

在大革命时期、土地革命时期、抗日战争时期和解放战争时期,党的重要任务是反抗帝国主义列强的侵略、官僚资产阶级和封建地主的剥削统治,尤其是 1931 年"九一八"事变到 1945 年抗日战争胜利,"革命画"主要是宣传、教育、鼓动人民大众投入革命斗争,成为宣传我们党的思想和"团结人民、教育人民、打击敌人、消灭敌人"的有力武器。

---

① 习近平:《在文艺工作座谈会上的重要讲话》,《人民日报》2015 年 10 月 15 日第 1 版。

② 黄可:《中国新民主主义革命美术活动史话》,上海书画出版社 2006 年版,第 32 页。

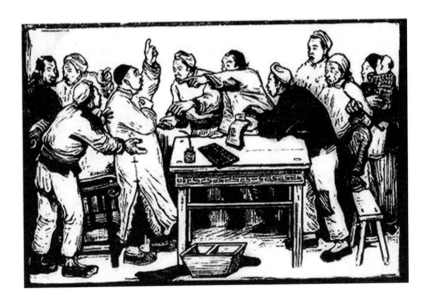

图1-1 土地革命时期版画·古元《减租会》①

图1-2 抗日战争时期版画·李桦《怒吼吧！中国》②

注：革命时期的美术作品，以宣传革命斗争为主要内容，起到团结大众、唤起民众的作用，是打击和消灭敌人的有力武器。

---

① 吕澎：《20世纪中国艺术史》，北京大学出版社2006年版，第352页。

② 黄可：《中国新民主主义革命美术活动史话》，上海书画出版社2006年版，第272页。

2. 革命历史题材创作

1949 年中华人民共和国成立之初受到苏联模式的影响，大批反映其政治要求和政治生活的苏联艺术作品，为新中国的美术发展提供了规范。其中最有成就的是革命历史题材创作，这些作品和 20 世纪前半叶的中国革命历史活动密切相关。1950 年中国革命历史博物馆（原中国历史博物馆）首次组织了革命历史题材创作展，之后类似的创作，均被认定为革命历史题材创作，并在社会主义建设时期得到广泛运用。革命历史题材创作符合社会主义革命和建设的需要，并受到党和国家的高度重视，作品真挚饱满，继承了延安时期革命文艺的传统，达到了"艺术形式和革命内容的高水平统一，历史与现实的统一，审美与思想的统一"①。革命历史题材创作主要以表现中国革命和建设发展历程中的重大事件为主要内容，集中体现了中国共产党人及其领导的人民军队和劳苦大众，为抵抗外来侵略浴血奋战，解放全中国，建设新中国所付出的巨大牺牲和努力。此类的作品有如《开国大典》（见图 1-3）、《八女投江》《地道战》《狼牙山五壮士》（见图 1-4）、《强夺泸定桥》《过雪

图 1-3　油画·董希文《开国大典》②

①　殷双喜：《艺术中的人民与战争——关于革命历史题材与军事题材美术创作》，《解放军艺术学院学报》2012 年第 4 期。

②　吕澎：《20 世纪中国艺术史》，北京大学出版社 2006 年版，第 496 页。

图 1 - 4 油画·詹建俊《狼牙山五壮士》①

注：革命历史题材创作，以反映革命战争年代为主要内容，在于激发人民的爱国精神和革命斗志，不忘历史，砥砺前行。

山》《参军》《井冈山会师》《主席走遍中国》《毛主席和亚非拉人民在一起》《万山红遍》等。可见，革命历史题材创作这一艺术形式，其宣传、教育功能既适应了中华人民共和国成立初期政权建设的需要，也符合了当时社会生活各领域的广泛需求。

3. 政治宣传画

政治宣传画是在社会主义建设时期，"以宣传鼓动、制造社会舆论、营造特定政治或政策气氛为目的的绘画，一般带有醒目的、号召性的、激情的文字标题，又名招贴画"②。具有强烈的主题政治化、题材模式化、手法稳定化的特点，形成了社会主义美术新图式。

社会主义建设时期政治宣传画的指导思想是要求"突出政治""主题先行""为工农兵服务"，严格按照政治要求进行创作，并成为政治斗争和阶级斗争的重要工具。可见，政治宣传画是对政治事件的一种艺术性

---

① 吕澎：《20 世纪中国艺术史》，北京大学出版社 2006 年版，第 201 页。

② 康丹丹、王明生：《社会主义革命语境下的精神生产：政治宣传画》，《安徽史学》2018 年第 2 期。

表达，有什么样的政治斗争和阶级斗争就会有什么样的绘画作品。一旦政治事件出现，就能找到与其对应的美术作品。具有代表性的政治宣传画有《跟着毛主席在大风大浪中前进》《毛主席与红卫兵》（见图1-5）、《我们心中最红最红的红太阳毛主席和我们在一起》《打倒苏修社会帝国主义》（见图1-6）、《攻克锦州》《东方红》等。由此可见，政治宣传画

图1-5　宣传画《毛主席与红卫兵》①

图1-6　宣传画《打倒苏修社会帝国主义》②

注：政治宣传画突出政治，为工农兵服务的创作理念，成为社会主义建设时期宣传党的思想的重要艺术载体。

---

① 吕澎：《20世纪中国艺术史》，北京大学出版社2006年版，第496页。
② 同上书，第352页。

"从内在观念到外在形式确立了一整套特有的社会主义美术新图式,形成了独特的图式语言"①,具有营造政治舆论气氛和宣传鼓动的作用。

4. 中国主题性绘画

"主题"一词源于德国的音乐术语,指乐曲中具有感染力的一段旋律,即主旋律,是整个乐曲的核心。后来广泛运用到美术、诗歌等文艺创作中,是艺术家或者文学家通过对现实社会生活的观察、体验,经过分析、整理而升华为的一种艺术形式,从而感染人,教化人,以促进人与社会、人与人、人与自然的和谐发展。所谓主题性创作,指"在艺术学的语境中,它的基本内涵主要有表现某种意识观念、具有某种形式的叙事性或情节性、有较为明确的创作动机和传播诉求"②。一般泛指围绕重大事件,包括历史的和现实的,能够紧扣时代脉搏,弘扬社会主义主旋律的绘画作品。目前,这一创作还占有相当大的比重,符合新时代的中国国情。2004 年 11 月"国家重大历史题材美术创作工程"正式启动,中央党史研究室和中国社会科学院近代史研究所的专家共同拟定了100 多个选题,选题涵盖了近百年来中国近代史上所有的重大历史事件,其中以反帝、反封建、反殖民主义斗争、社会主义革命、社会主义建设等重大历史事件为主要内容。在此活动下,诞生了一批以表现1840 年至今我国重大历史事件为主题的美术作品,这些艺术作品再现了特定时代下的特定文化精神以及中华民族独特的精神气质,关注当时中国的社会现实和国家的命运,用美术作品塑造了国家和民族的形象,弘扬了中国人民在争取民族解放和社会进步的历史进程中所表现出的奋斗精神,具有引领人民、鼓舞人民、凝聚人民的作用。例如作品《公元一千九百四十五年九月九日九时·南京》(见图 1－7)、《江孜抗英》、《新中国诞生》(见图 1－8)、《洋务运动——留美幼童》等。

---

① 邓中云:《"文化大革命"美术是图解式的宣传口号》,《广西艺术学校学报》2006 年第 3 期。

② 李公明:《20 世纪中国美术中的主题性创作研究散论——读〈红旗飘飘——20 世纪主题绘画创作研究〉》,《广州美术学院》2015 年第 6 期。

图1-7　油画·陈坚《公元一千九百四十五年九月九日九时·南京》①

图1-8　中国画·唐勇力《新中国诞生》②

注：新时期的中国主题性绘画，因国家高度重视、创作者手法娴熟，作品呈多样化发展的创作趋势，弘扬主旋律，讴歌人性光辉，成为新时期中国主题性绘画育人功能的重要手段。

综上所述，中国主题性绘画是指以中国绘画为表现形式，在主题上具有民族性、政治性以及时代性特点，在内容上主要反映历史或现实中的典型事件，紧扣主旋律，展现时代的精神风貌，弘扬人性的真善美，反映正确的世界观和人生观，达到以美育人、以情育人、以德育人的功

---

① 陈坚：《公元一千九百四十五年九月九日九时·南京》，2014 年 8 月，人民网（http：// art. people. com. cn/NMediaFile/2014/0829/MAIN201408291345000596829417438. jpg）。
② 唐勇力：《新中国诞生》，2015 年 11 月，中国网（http：//res. yufuhui. com/Public/up-load/News/2015—11—27/5657df785b68b. jpg）。

效，发挥"最大正能量"①的美术作品。

二　思想政治教育育人功能

思想政治教育"功能"在已有的教材中有比较成熟的学术规定。1999 年高等教育出版社出版的面向 21 世纪课程教材《思想政治教育学原理》在第六章第二节"思想政治教育的作用"中，列举了导向功能、保证功能、育人功能、协调功能、激励功能，实质就是思想政治教育的功能。2001 年人民出版社出版的《现代思想政治教育学》第二章"思想政治教育本质论"中，阐释了"思想政治教育的功能是思想政治教育的外在集中显露，认识思想政治教育的功能，有利于更全面深刻地把握其内在本质"②，列举导向功能、保证功能、育人功能和开发功能。2003 年湖北人民教育出版社出版的《现代思想政治教育学科论》在第五章"现代思想政治教育学学科体系中的基本原理"中，第一部分就阐述了思想政治教育的地位和作用，这与《思想政治教育学原理》的观点基本一致。2004 年，由北京大学出版社出版的《思想政治教育学》在第三章第二节"思想政治教育的功能"中，阐释了"思想政治教育的功能是指思想政治教育所发挥的效能和它具有极其重要的社会作用，思想政治教育的功能是多方面的，如认识功能、导航功能、育人功能、保障功能等等"③。2006 年，由社会科学文献出版社出版的《思想政治教育学》在第十二章"思想政治教育的基本职能"中，分别阐述了灌输职能、转变职能、调节职能、凝聚职能、激励职能，该著作虽然使用了"职能"这一术语，但基本内容与其他著述的思想政治教育的功能大体上是一致的。同年，由人民出版社出版的《思想政治教育学前沿》，以"功能发挥"为题独立成章，分四节全面论述了"思想政治教育功能概述""思想政治教育功能研究的历史考察与现状述评""影响

---

① 《习近平总书记在文艺工作座谈会上的重要讲话学习读本》，学习出版社 2015 年版，第 15 页。

② 张耀灿、郑永廷、刘书林、吴潜涛：《现代思想政治教育学》，人民出版社 2001 年版，第 87—99 页。

③ 仓道来：《思想政治教育学》，北京大学出版社 2004 年版，第 49 页。

思想政治教育功能发挥的主要因素""拓展思想政治教育功能研究的新思路问题"①。2014 年由光明日报出版社出版的《思想政治教育学科发展 30 年研究报告》，在第七章"思想政治教育价值与功能研究"第二部分中，系统阐述了思想政治教育功能，主要有"保证功能、凝聚功能、调节功能、育人功能、认识功能、开发功能、社会性功能、个体性功能、意识形态功能等"②。可见，学界对思想政治教育育人功能是明确的。

所谓思想政治教育育人功能是指在各个不同历史时期，根据党的意识形态工作任务，进行思想政治教育，提高人民的政治觉悟、思想意识、价值观念。坚持和发扬中华文化这一中华民族的精神追求、精神基因和精神标识，以社会主义核心价值观为支撑，运用符合中国国情，有鲜明的中国特色，又与人民话语表达方式相对接的概念、范畴、表述，把习近平总书记新时代中国特色主义思想阐释好，用中国理念解释中国实践，培育具有新思想、新视野、新方法的时代新人。新时代，思想政治教育育人功能，主要有三个方面的内容：一是"必须推进马克思主义中国化时代化大众化，建设具有强大凝聚力和引领力的社会主义意识形态，使全体人民在理想信念、价值理念、道德观念上紧紧团结在一起"③，就是在新的历史起点上，培育具有马克思主义立场、观点和方法的社会主义接班人；二是"要加强理论武装，推动新时代中国特色社会主义思想深入人心"④，培育具有坚定中国特色社会主义信念的接班人，成为实现中华民族伟大复兴中国梦的强大力量；三是"社会主义核心价值观是中国精神的集中体现，凝结着全体人民共同的价值追求，要以培养担当民族复兴大任的时代新人为着眼点，强化教育引导、实践养成、制度保障，发挥社会主义核心价值观对国民教育、精神文明创建、精神文化产品创作生产传播的引领作用，把社会主义核心价值观融入社

---

① 张耀灿：《思想政治教育学前沿》，人民出版社 2006 年版，第 58 页。

② 冯刚、郑永廷等主编：《思想政治教育学科发展 30 年研究报告》，光明日报出版社 2014 年版，第 178 页。

③ 习近平：《决胜全面建成小康社会　夺取新时代中国特色社会主义伟大胜利——在中国共产党第十九次全国代表大会上的报告》，人民出版社 2017 年版，第 41 页。

④ 同上。

会发展各方面，转化为人们的情感认同和行为习惯"①。培养时代新人是新时代思想政治教育发挥育人功能的重要内容。

三　中国主题性绘画的思想政治教育育人功能

中国主题性绘画作为重要的传播工具，是党和国家宣传意识形态、弘扬主流价值观的重要载体，是对受众群体进行教育的一种艺术手段。本书所要探讨的中国主题性绘画的思想政治教育育人功能不能简单理解为思想政治教育育人功能与中国主题性绘画功能的"交集"。一方面，思想政治教育育人功能的发挥需要在一定的环境中借助中国主题性绘画载体；另一方面，中国主题性绘画功能与思想政治教育育人功能需要在双方有效机制互不干扰的情况下实现。中国主题性绘画的思想政治教育育人功能首先是中国主题性绘画的育人功能，但不是中国主题性绘画的全部育人功能，而是具有思想政治教育要素的中国主题性绘画作品和中国主题性绘画活动所具有的思想育人功能。

在内涵上，主要指在革命、建设和改革开放时期，在党和国家的直接关怀下，充分体现国家意识形态、弘扬主流价值观、讴歌党、讴歌祖国、讴歌人民、讴歌英雄的重大题材的绘画作品发挥育人功能，以美育人、以情育人、以德育人的功效。其育人的内在规定性在于以下四方面。一是精神性。"中国精神是社会主义文艺的灵魂"②，"鲁迅先生说，要改造国人的精神世界，首推文艺。举精神之旗、立精神支柱、建精神家园，都离不开文艺"③。中国主题性绘画就是以文化为要求，通过创作系列主题内容，彰显艺术之美、信仰之美、精神之美，凝聚民族精神，鼓舞人民士气，实现伟大复兴。二是人民性。"坚持以人民为中心

---

① 习近平：《决胜全面建成小康社会　夺取新时代中国特色社会主义伟大胜利——在中国共产党第十九次全国代表大会上的报告》，人民出版社 2017 年版，第 42 页。

② 《习近平总书记在文艺工作座谈会上的重要讲话学习读本》，学习出版社 2015 年版，第 24 页。

③ 同上书，第 7 页。

的创作导向。"① 从本质上讲，中国主题性绘画就是人民的艺术形式。以一种充沛的激情、独特的视角、丰富的画面、生动的笔触创作出反映人民喜闻乐见的作品，去吸引人、感染人、启发人、教育人。"只有牢固树立马克思主义文艺观，真正做到了以人民为中心，文艺才能发挥最大正能量。"② "能不能搞出优秀作品，最根本的决定于是否能为人民抒写、为人民抒情、为人民抒怀。"③ 所以，人民性是中国主题性绘画的根本性。三是育人性。从内容角度来看，中国主题性绘画发挥教育功能，在育人内容上具有互映性。所谓互映，原指一种写作技法，是指利用客观事物之间相类或者相反的关系，相互照应衬托主要形象，相辅相成，使得意识更加明了。合适的互映能使系统的内容更好地展现，使系统的功效得以提高。中国主题性绘画发挥教育功能在育人内容上具有互映性，即中国主题性绘画"政治品质美"的创作内容丰富育人功能，达到育人功效。还有就是中国主题性绘画运用"审美理想"的美学内容有效营造育人情境，强化"审美"视觉，使受教育者在一种陶醉、愉悦、激动的情绪中得到启发，"以价值引导、精神引领、审美启迪"④发挥育人功能。四是时代性。"文艺是时代前进的号角，最能代表一个时代的风貌，最能引领一个时代的风气。'文变染乎世情，兴废系乎时序。'"⑤ "历史和现实都证明，中华民族有着强大的文化创造力。每到重大历史关头，文化都能感国运之变化、立时代之潮头、发时代之先声，为亿万人民、为伟大祖国鼓与呼。"⑥ 新时代，中国主题性绘画创作一定要不断与时俱进，在题材上突出"两个一百年"奋斗目标，表现人民实现伟大复兴中国梦的生动实践和创新探索，用更有筋骨、更有境界、更有品位、更有气派、更有温度的作品，引领人民、鼓舞人民、

---

① 《习近平总书记在文艺工作座谈会上的重要讲话学习读本》，学习出版社 2015 年版，第 14 页。
② 同上书，第 15 页。
③ 同上书，第 18 页。
④ 同上书，第 13 页。
⑤ 同上书，第 6 页。
⑥ 同上书，第 5 页。

凝聚人民，"创作无愧于时代的优秀作品"①。新时代，借助中国主题性绘画进一步提高广大人民群众审美意识、价值取向、思想情怀具有极其重要意义。研究中国主题性绘画的育人功能，深化以美育人、以情育人、以德育人的理性把握，既是顺应时代要求，也是新历史战略机遇期，发挥我们党的思想引领力的重要载体。

第二节　中国主题性绘画与思想政治教育育人功能的内在关联

中国主题性绘画是在党和国家的统领下，充分体现国家意识形态、弘扬主流价值观，讴歌党、讴歌人民、讴歌英雄的重大社会历史题材作品，是精神性、人民性、政治性和时代性相结合相统一的传播媒介。"而思想政治教育是宣解、传播马克思主义思想的重要阵地，担负着为社会主义培养具有理想信念、高尚情操、健全人格、品学兼优的人才的社会任务。"② 由此可见，以弘扬主旋律，引导人民树立正确的价值观念的中国主题性绘画与培养具有理想信念、高尚情操和健全人格的思想政治教育，二者之间存在着紧密的联系。具体来说，二者具有育人目标的一致性、育人对象的同一性、育人内容的互映性和育人功能的互济性。

一　育人目标的一致性

从实现目标来看，中国主题性绘画和思想政治教育育人功能具有目标上的一致性。从目标的定义来看，指的是活动预期结果的主观设想，是在头脑中形成的一种主观意识形态，它为活动指明了方向，具有维系组织各方面关系、构成系统组织方向核心的作用。因此，目标要在活动实施前制定，是实施的"预期"。中国主题性绘画与思想政治教育育人功能在目标上是一致的，即二者具有一致的初始目标和终极目标。

---

① 《习近平总书记在文艺工作座谈会上的重要讲话学习读本》，学习出版社 2015 年版，第 7 页。

② 李艳：《应用思想政治教育研究的内在规定及学理特征》，《东北师大学报》（哲学社会科学版）2018 年第 1 期。

1. 中国主题性绘画和思想政治教育育人功能具有一致的初始目标

中国主题性绘画属于文艺作品，马克思把文艺称为"精神方面的生产力"，而一切文艺作品都是为了满足人民的精神需求，提高人民的审美能力，进而在精神上教化大众。中国主题性绘画是党和国家传播国家意识形态，弘扬主流价值观念，开展人文教育的重要"武器"和"工具"，进而起到教化大众的作用，成为中国主题性绘画的初始目标。因此，中国主题性绘画的初始使命就是传播党和国家的主流意识和价值观念，引导民众。这和思想政治教育功能中的育人功能是一致的，借助各种传播途径来宣传党和国家的主流意识形态，进行思想政治教育来引导民众，是思想政治教育育人功能的初始目标。由此可见，二者在初始目标上具有一致性。

2. 中国主题性绘画和思想政治教育育人功能具有一致的终极目标

从中国主题性绘画实践活动来看，欣赏中国主题性绘画作品，经过传播、接受和转化等过程之后，其终极目的是"培养德智体美劳全面发展的社会主义建设者和接班人"①，实现人的全面发展，进而服务于社会主义建设。而思想政治教育育人功能的终极目标是："人的自由全面发展既是共产主义的理想目标，也是社会主义的本质要求。社会主义的本质就是解放生产力，发展生产力，而发展生产力的落脚点就是人的自由全面的发展。"② 因此，人的发展是思想政治教育的根本问题，也是思想政治教育育人的落脚点。由此看来，中国主题性绘画和思想政治教育育人功能具有一致的终极目标，即促进并实现人的全面发展，使之成为社会主义现代化建设和实现共产主义理想的主力军。从宏观角度看，实现人的全面发展，始终是社会主义教育的目标，中国主题性绘画和思想政治教育作为育人的重要渠道，必然肩负这一使命。由此可见，二者的终极目标是一致的。

综上所述，中国主题性绘画和思想政治教育育人功能的初始目标是

---

① 习近平：《决胜全面建成小康社会　夺取新时代中国特色社会主义伟大胜利——在中国共产党第十九次全国代表大会上的报告》，人民出版社 2017 年版，第 45 页。

② 陈万柏、张耀灿主编：《思想政治教育学原理》，高等教育出版社 2007 年版，第 73 页。

宣传国家意识形态，引导民众；从二者的终极目标来看，都是促进人的自由全面发展，推动社会主义建设和实现共产主义理想。因此，中国主题性绘画与思想政治教育功能在育人目标上具有一致性。

二　育人对象的同一性

从对象构成角度来看，中国主题性绘画与思想政治教育育人功能具有对象上的同一性。要分析二者对象的内在联系，首先弄清何为"对象"和"同一性"。"科学研究的区分，就是根据科学对象所具有的特殊的矛盾性。因此，对于某一现象的领域所特有的某一种矛盾的研究，就构成某一门科学的对象。"① 所谓对象，从定义来看，是指描写或写实的特定人或物，又指行为或思考时作为目标的事物。任何一门科学都有它独立的研究领域和研究对象。"同一性"是一个哲学名词，"同一"一词有统一、相同、和谐之意，是指两种事物或多种事物能够共同存在，并具有相同的性质。以此来分析，中国主题性绘画与思想政治教育育人功能在育人对象上具有同一性，既有相同的受众对象，又具有广泛性特点。

1. 从对象的范围来看，中国主题性绘画和思想政治教育育人功能具有广泛性

中国主题性绘画的受众对象范围很广，不受对象的年龄阶段、社会地位、学习条件和生活环境等因素制约，具有广泛性。中国主题性绘画作品在更大程度上发挥着传播国家意识形态、弘扬主流价值观、教育和引导大众的作用，而这些作用是不受以上因素制约的，因此，中国主题性绘画的受众对象是广泛的、全民的。此外，思想政治教育这门学科的受众对象是人民大众，一方面以研究人的行为形成、发展及变化规律为主要目标。另一方面，以关于人的研究所得出的科学结论来指导人的行动，做好人的思想教育工作。"思想政治教育的对象具有广泛性的特点，即社会全体人员都是思想政治教育的对象。"② 因此，思想政治教育对象只有涵盖全体民众，具有广泛的群众性，才能最大化地发挥实现思想

---

① 《毛泽东选集》第 1 卷，人民出版社 1991 年版，第 284 页。
② 杨绍安、王安平、刘惠：《现代思想政治教育学原理》，西南交通大学出版社 2013 年版，第 131 页。

政治教育育人功能。

2. 从对象的层次来看，中国主题性绘画和思想政治教育育人功能具有层次性

中国主题性绘画和思想政治教育的受众对象因不同的年龄阶段、文化水平、经济基础等，对其理解和掌握也不尽相同。这些差异不是杂乱无章的分布，而是呈现一定规律的层级分布。如在年龄方面，中国主题性绘画的受众可以分为老、中、青三代，不同年龄层级的受众对象对中国主题性绘画的理解和掌握也有所不同。因此，中国主题性绘画在受众范围上具有层次性，为其创作和传播带来了难度，同时也为其多元化发展提供了契机。同时，思想政治教育育人对象也具有层次性，就是说，思想政治教育育人对象，来自思想政治教育对象本身所带有的层次性特征。"思想政治教育对象是人。而现实生活中的人，成长环境和经历千差万别，具有不同的社会属性和时间、空间属性以及思想特点，因而便显出明显的层次性。"① "思想政治教育对象最明显的特征之一，就是其处于不同的层次。"② 可见，思想政治教育的对象来自不同的生活环境和成长环境，具有明显的层次性，拥有不同的认知能力，从而使得思想政治教育实践会产生因人而异的育人功效。

综上所述，从对象范围上看，中国主题性绘画的受众对象带有全民性和广泛性，包括所有的民众，思想政治教育育人对象也涵盖了社会全体人员；从对象的层次上看，中国主题性绘画的受众对象具有层次性，思想政治教育育人对象也同样具有层次性，二者作用的层次不同，所发挥的功效也有所不同。由此可见，中国主题性绘画和思想政治教育育人功能具有对象上的同一性。

三 育人内容的互映性

从内容角度来看，中国主题性绘画和思想政治教育在育人内容上具

---

① 陈万柏、张耀灿主编：《思想政治教育学原理》，高等教育出版社 2007 年版，第 160 页。

② 杨绍安、王安平、刘惠：《现代思想政治教育学原理》，西南交通大学出版社 2013 年版，第 127 页。

有互映性。从内容的含义来看，指事物内部所含的实质或意义，是事物内在因素的总和。所谓互映，原指一种写作技法，是指利用客观事物之间相类或者相反的关系，相互照应衬托主要形象，相辅相成，使得意识更加明了。合适的互映能使系统的内容更好地展现，使系统的功效得以提高。中国主题性绘画与思想政治教育育人在内容上具有互映性，即中国主题性绘画"政治品质美"的创作内容丰富思想政治教育育人的内容，同时思想政治教育强化中国主题性绘画在思想政治教育中的育人功效；中国主题性绘画用"审美理想"的美学内容有效营造思想政治教育情境，同时思想政治教育育人目标为中国主题性绘画功能的发挥提升"原创力"。

第一，思想政治教育为中国主题性绘画树立"政治品质美"的创作内容，从而强化中国主题性绘画在思想政治教育中的育人功效。

1999 年中共中央关于加强和改进思想政治工作的若干意见中强调：坚持用邓小平理论武装全党，教育干部和人民；广泛进行党的基本路线和基本纲领教育，进行爱国主义、集体主义、社会主义和艰苦创业精神教育；广泛开展群众性精神文明创建活动，集中宣传一大批体现时代精神的先进典型，努力丰富人民的精神文化生活。思想政治教育为中国主题性绘画创作确立了爱国主义、集体主义和艰苦创业精神教育的创作内容，而中国主题性绘画在宣传、展览方面，是最直观、最具感染力的，这是其他意识形态教育形式不可替代的，在某种程度上符合思想政治教育育人功能的要求。因此通过中国主题性绘画创作，让受教育者最直观地感受到人民群众努力奋斗的进取精神、国家干部廉洁奉公的无私精神以及明辨是非的道德精神，发挥中国主题性绘画思想政治教育育人成效，即提高欣赏者的思想觉悟和道德品质，符合思想政治教育育人标准。因此，思想政治教育为中国主题性绘画树立"政治品质美"的创作内容，将正确的政治思想、鲜明的政治方向和高尚的道德情操，作为中国主题性绘画的"政治品质美"的创作内容，从而教育人民树立正确的人生观、价值观和世界观，达到思想政治教育育人功效。此类的作品有《人民公仆》《习仲勋在南梁》等。

第二，中国主题性绘画运用"审美理想"的美学内容有效营造思想政治教育情境，成为发挥思想政治教育育人功能的有效载体

马克思主义认为，"人是环境的产物。任何个体的成长都离不开环境的影响，不受环境作用的个体是不存在的"①。而开展思想政治教育同时更需要一个良好的环境。中国主题性绘画通过"审美理想"的美学内容营造思想政治教育情境，有效发挥育人功能。"'审美理想'是在审美经验的基础上产生的一种经验性内容的高度概括。"② 一般来说，中国主题性绘画创作者创作崇高的、优美的艺术形象，通过以美传情，来表现当下人民的审美追求，提升"审美"视觉，确立审美理想，使受教育者在陶醉、愉悦中受到熏陶，满足人民对多样化的精神文化生活的心理需求，产生强烈的审美参与感，营造出良好思想政治教育的育人情境，与传统的思想政治教育形式相比，中国主题性绘画的无意识教育消解了受教育者对思想政治教育的抵触情绪，在更广泛的程度上满足不同社会成员的需要，成为发挥思想政治教育育人功能的重要载体。

综上所述，思想政治教育为中国主题性绘画树立"政治品质美"的创作内容，强化中国主题性绘画在思想政治教育中的育人功效，同时，中国主题性绘画运用"审美理想"作为美学内容，也营造了思想政治教育话语情境，成为发挥思想政治教育育人功能的有效载体。二者的内容相互丰富、相互补充。因此，中国主题性绘画与思想政治教育在育人内容上具有互映性。

四　育人功能的互济性

从功能发挥的角度来看，中国主题性绘画和思想政治教育育人功能具有功能上的互济性。从"功能"定义来看，是指事物或方法所发挥的积极的、有利作用。"互济"是经济学词汇，有互助之意，是指彼此之间相互帮助、相互救济。结合词源说和思想政治教育学术语，"互

---

① 龚志宏：《润物细无声——思想政治教育中的无意识教育研究》，河南大学出版社2006年版，第176页。

② 王钦鸿：《论审美理想的特征与价值》，《齐鲁学刊》2006年第5期。

济"应该是一种对象之间相互帮助而彼此发生积极改变的过程。而"功能的互济性"则是不同对象功能之间彼此互助而产生的使彼此发生积极改变的过程。中国主题性绘画与思想政治教育功能的互济性则是二者之间彼此互助积极实现功能发挥的过程，即中国主题性绘画功能的发挥能够促进思想政治教育功能的发挥，而思想政治教育功能反作用于中国主题性绘画功能的发挥，从而使双方彼此互助，相互促进，最终实现功能发挥的过程。

第一，中国主题性绘画辅翼于思想政治教育育人功能的发挥。

中国主题性绘画作为思想政治教育重要的宣传途径，起到了有效的助力作用。一方面，中国主题性绘画体现国家意识形态，以弘扬主流价值观念，教化大众为重要任务，是党和国家传达思想的重要载体。另一方面，中国主题性绘画是广大群体喜闻乐见的艺术形式，让人民在潜移默化中接受正确的价值观，更好地实现"成教化、助人伦"的作用。例如新民主主义革命时期的木刻版画，如古元的《烧毁地契》、李桦的《怒潮组图·起来》、王琦的《洪流》、汪刃峰的《家破人亡》、黄新波的《卖血后》，作品思想深刻，具有针对性，揭露了日本统治下人民的生活困苦和国民党发动内战的本质，揭发了社会的主要矛盾和社会黑暗的真实现状，能够激发人民为民族自由而战的高亢斗志。可以说，艺术作品通过巧妙运用形象生动的审美对象，能够将思想政治教育各种抽象内容，如精神、意识、观点、理论等形象化、具体化、典型化，采用隐喻式的柔性宣传策略，将民众对思想政治教育"灌输"的拒斥感降至最低；融理性价值与审美艺术于一体，具有极强的观赏性。让人民更直观地与客观实际紧密联系起来，主动地接受其中蕴含的思想政治内容和道德精神，成为思想政治教育育人功能发挥的重要载体。因此，中国主题性绘画对思想政治教育功能有效发挥起到了辅翼作用，大大提升了思想政治教育的育人功能。

第二，思想政治教育育人功能反作用于中国主题性绘画，为中国主题性绘画价值展现和功能发挥提供了精神指引。

中国主题性绘画从创作、传播到受众对象的接受内化于心，进而外化于行的过程就是其功能发挥的过程，这不仅需要创作者了解并掌握国家主流意识形态，还需要外部的传播环境和宣传条件，而思想政治教育在这些层面可以满足。一方面，一切崇高化的思想政治教育形态，都会产生出至善至美的优秀作品；另一方面，良好的传播条件和外部环境，成为中国主题性绘画创作发展的关键条件。党的十九大以来，新时代思想政治教育的基本要求之一就是要唱响爱国主义主旋律，而新时代的文艺创作更是要把爱国主义作为创作的主旋律，通过艺术作品来引导广大人民树立和坚持正确的历史观、民族观、国家观、文化观。"突出主旋律教育，要帮助人民正确理解爱国主义、集体主义、社会主义的科学内涵及时代特征，并引导人们将共同化为自己思想品德的有机组成部分。"① 因此，新时代思想政治教育为中国主题性绘画价值展现和功能发挥提供思想指引。

综上所述，中国主题性绘画与思想政治教育在育人功能上具有互济性，中国主题性绘画辅翼于思想政治教育功能的发挥；同时思想政治教育育人功能的良性作用又引领着中国主题性绘画价值展现和功能发挥提供精神指引，双方彼此互动、互相支持、互相作用。

第三节　中国主题性绘画的思想政治教育育人功能的主要特征

中国主题性绘画的思想政治教育育人功能是利用中国主题性绘画进行思想政治教育继而对受教育者所发挥的积极的、有利的影响或作用。同时中国主题性绘画作为思想政治教育的重要宣传方式和有效载体，二者又存在着紧密的联系，其复合的育人功能、独特的教育方式和艺术的审美旨趣发挥了越来越大的作用，与其他载体所发挥的思想政治教育育人功能相比，中国主题性绘画的思想政治教育育人功能折射出人民性、表现性、政治性以及时代性的典型特征。

---

① 陈万柏、张耀灿主编：《思想政治教育学原理》，高等教育出版社 2007 年版，第 88 页。

一　人民性特征

人民性是社会主义文艺的本质所在，是马克思主义文艺理论的核心思想之一。毛泽东在延安文艺座谈会上的讲话中提出：文艺是为什么人的问题，是一个根本的问题，原则的问题。新时代习近平总书记提出："社会主义文艺，从本质上讲，就是人民的文艺"，"文艺要反映好人民的心声，就是要坚持为人民服务、为社会主义服务的这个根本方向"①。由此可见，新时代的社会主义艺术创作最主要特征表现在与人民群众的关系上。在封建社会，占统治地位的是地主贵族，艺术创作都是为这一阶级歌功颂德，很少描绘广大人民群众生活困苦的艺术作品，穷苦大众更是被剥夺了创作和欣赏艺术的权利。现代资本主义固有的矛盾不断激化，异化状态加重，艺术依旧服务于占支配地位的资产阶级。而社会主义社会，人民大众是国家的主人，是新生活的创造者，是推动社会文明进步的决定力量。我国是社会主义国家，人民当家作主的社会性质决定了中国特色社会主义文艺必然是人民大众的文艺。列宁在《党的组织和党的文学》一文中，就强调社会主义文学有着深刻的人民性，"这将是自由的文学，因为它不是为饱食终日的贵妇人服务，不是为百无聊赖、胖得发愁的'几万上等人'服务，而是为千千万万劳动人民服务，为这些国家的精华、国家的力量、国家的未来服务"②。正如前文所述，"主题性"一词，本身就带有政治性，反映的是本阶级的根本利益和基本要求，具有明显的人民性特征。

"以人民为中心"是中国主题性绘画创作的基本导向，中国主题性绘画是发挥育人功能的重要场域。党历来重视"文艺为了谁，文艺依靠谁"这一问题，强调处理好艺术创作与人民群众的关系。早在革命时期，革命画便成为宣传党的思想，"团结人民、教育人民、打击敌人、消灭敌人"的重要武器。1942年5月，毛泽东发表的《在延安文艺座谈会上的讲话》开拓了一个人民文艺的新时代。改革开放以来，在党和

---

① 《习近平总书记在文艺工作座谈会上的重要讲话学习读本》，学习出版社2015年版，第55页。

② 《列宁论文学与艺术》，人民文学出版社1960年版，第650页。

国家的领导下，马克思主义文艺不断与中国现代化建设的伟大实践相结合，人民性继续得到强化。邓小平在中国文学艺术工作者第四次代表大会上明确指出"我们的文艺属于人民""人民是文艺工作者的母亲"，这是对中国主题性绘画创作生命与人民血肉联系的深刻揭示。江泽民同志要求广大文艺工作者"在人民的历史创造中进行艺术的创造，在人民进步中造就艺术的进步"。胡锦涛同志强调"把人民放在心中最高位置，永远同人民在一起，要坚持以人民为中心的创作导向"。进入新时代以来，关于文艺人民论的问题，习近平总书记在文艺工作座谈会上的讲话中明确提出："以人民为中心，就是要把满足人民精神文化需求作为文艺工作的出发点和落脚点，把人民作为文艺表现的主体，把人民作为文艺审美的鉴赏家和评判者，把为人民服务作为文艺工作者的天职。"[1] 强调以人民为中心的创作导向，继而从三个方面回答了这个问题。第一，人民需要文艺。马斯洛将人的需求分为不同层次，马克思主义也认为人民首先必须解决吃、穿、住等基本的物质需要，然后才能从事艺术创作等活动。随着人民生活水平的提高，人民对包括文艺作品在内的中国主题性绘画创作的质量、品位、风格等的要求也更高了。跟上时代发展、把握人民需求、让人民精神文化生活不断迈上新台阶，成为新时代文艺创作的基本要求。第二，文艺需要人民。人民的需要是文艺存在的根本价值所在。第三，文艺要热爱人民。"有没有感情、对谁有感情，决定着文艺创作的命运。"[2] 如罗中立的油画作品《父亲》（见图1-9），该作品用浓厚的油彩，精致而细腻的笔触，塑造了一幅感情真挚、淳朴憨厚的普通农民形象，让人民关注农民，关注那朴质的美与勤劳的品格。面对《父亲》，使人民感受到这是一个布满皱纹，见证了中华民族沧桑历史的普通老农民，耳朵上的圆珠笔又说明他是一位新社会有文化的农民，洋溢着当家做主人的幸福微笑，这种强烈的视觉效果在观众的心中产生的是一股平凡而又伟大的情感，却又能领略一种逼人的烧灼感，正是罗中立毫不遮掩地把农民真实表现出

---

[1] 《习近平总书记在文艺工作座谈会上的重要讲话学习读本》，学习出版社2015年版，第54页。

[2] 同上书，第75页。

来，才使得"父亲"的形象更加有血有肉，成为代表"父亲"那一代的经典之作。可见，坚持人民性是中国主题性绘画创作的前提，也是发挥思想政治教育育人功能的重要特征。

图 1-9　油画·罗中立《父亲》①

二　表现性特征

中国主题性绘画的思想政治教育育人功能具有表现性特征，是由中国主题性绘画视觉艺术的本质属性决定的。任何艺术作品都不是无目的的，而是包含着对生活的体验与感悟，与书籍、报纸、多媒体等其他思想政治教育传播手段相比，中国主题性绘画作为一种造型艺术，通过典型的形象和夸张的艺术表现，展现独特的审美旨趣，彰显审美价值的一种视觉艺术，融合"主题性"的价值理念，成为具有视觉美感的思想政治教育宣传工具，对审美对象发挥出积极的、有利的影响或作用。从这一特性来看，正是中国主题性绘画的审美价值和艺术特征，为中国主题性绘

---

① 吕澎：《20 世纪中国艺术史》，北京大学出版社 2006 年版，第 704 页。

画的思想政治教育育人功能赋予艺术性，使其育人功能渗透着艺术表现特性。例如，在社会主义建设时期，将政治美术作为唯一合法存在的美术。在艺术表现上，以伟人为主要创作对象，突出"高、大、全"和"红、光、亮"的艺术特色，在色彩、造型、动态，甚至题材上，都添加了现实政治的主题，发挥着"政治宣传画"的作用。如宣传画《社会主义到处都在胜利前进》（见图 1 - 10）、《提高警惕　保卫祖国》。再如，改革开放以来，以革命历史为题材的中国主题性绘画作品，对形象刻画、人物塑造、内容主题等往往以现实中的英雄人物、品质、精神、情操赞颂为主线，给人以激励、鼓舞、鞭策，合乎道德，顺乎道义，使人求真向善，提高认识水平和精神境界，在情感上对人民起到积极影响，从不同角度予以启发人、教育人、引导人。如闻立鹏的油画作品《红烛颂》（见图 1 - 11），作品重在反映闻一多 1946 年因反内战而被国民党特务暗杀这一事件，时隔 33 年后，闻一多之子闻立鹏由此而创作，画面上，成千上万支正在燃烧的红烛和熊熊烈火构成了一个悲壮的场面，在红烛与烈火之间、在黑与红之间，动与静中构成了一个完整又和谐的画面，红与黑、动与静的强烈对比赋予此作超乎肖像画之外的感召力，暗夜里燃烧的红色蜡烛和烈火等象征性语言，讴歌闻一多为祖国、为真理而战的崇高精神。

图 1 - 10　宣传画《社会主义到处都在胜利前进》①

---

① 吕澎：《20 世纪中国艺术史》，北京大学出版社 2006 年版，第 628 页。

图 1-11 油画·闻立鹏《红烛颂》①

三 政治性特征

马克思在讨论政治、经济、哲学等问题时认为文艺是一种意识形态，习近平总书记有关文艺的系列讲话正是继承了马克思的文艺思想，他强调："实现中华民族伟大复兴，离不开中华文化繁荣兴盛，离不开文艺事业的繁荣发展。"作为民族精神的火炬和时代前进的号角，文艺对中国特色社会主义文化事业的繁荣发展有着积极导向作用。

首先，文艺作为一种意识形态，体现在党对文艺建设工作的领导上。列宁曾指出，文艺应当成为"社会主义民主主义机器的'齿轮和螺丝钉'"，成为"有组织、有计划、统一的党的工作的一个组成部分"。而毛泽东在《在延安文艺座谈会上的讲话》中反对将文艺与政治分裂开来，强调文艺的意识形态性，并明确提出："在现在世界上，一切文化或文学都是属于一定的阶级，属于一定的政治路线的，为文学的文学，超阶级的文学，和政治并行或互相独立的文学，实际上是不存在

的。"① 因此，中国主题性绘画作为文艺重要组成部分，也不可能超越于政治的范围之外。文艺的政治性特征决定了政治对文艺的影响以及文艺对政治的反作用。毛泽东认为："一定的文化（当作观念形态的文化）是一定社会的政治和经济的反映，又给予伟大影响和作用于一定社会的政治和经济。"② "文艺服从于政治，今天中国政治的第一个根本问题是抗日。"③ 进入新时代以来，习近平总书记强调，文艺只有坚持党的指导思想，坚定为人民服务的政治立场，其社会主义性质和方向才能得到保障。作为中国特色社会主义建设的重要组成部分，中国主题性绘画应坚持社会主义先进文化前进方向，坚持以人民为中心，以社会主义核心价值观为引领，为建设社会主义文化强国，实现"两个一百年"奋斗目标、实现中华民族伟大复兴中国梦提供强大的价值引导力、文化凝聚力和精神推动力。

其次，文艺作为一种文化意识形态，需要通过优秀的文艺作品来呈现。习近平总书记指出："推动文艺繁荣发展，最根本的是要创作生产出无愧于我们这个伟大民族、伟大时代的优秀作品。"中国主题性绘画就是以文化为要求，通过创作系列主题内容，彰显艺术之美、信仰之美、精神之美，凝聚民族精神，鼓舞人民士气，实现中华民族伟大复兴。中国主题性绘画通过艺术作品来体现的思想政治教育育人功能的政治性特征有以下两方面。一方面，中国主题性绘画在发挥思想政治教育育人功能中，通过艺术作品教化人、引导人。在革命时期，毛泽东要求革命画要成为"团结人民、教育人民、打击敌人、消灭敌人的有力武器"④。例如，抗日战争时期的延安艺术创作者，他们作为艺术家，冒着生命的危险、以战士的姿态从事着艺术工作，抒写了 20 世纪一个特殊的艺术历史。此类作品有彦涵的《移民到陕北》、古元的《减租会》《拥护咱老百姓自己的军队》、力群的《帮助群众修理纺车》等，表现了军民一家、自强不息的抗日精神，这些作品成为日后中国共产党在抗

---

① 《毛泽东文艺论集》，中央文献出版社 2002 年版，第 69 页。
② 谭好哲：《文艺与意识形态》，山东大学出版社 2000 年版，第 477 页。
③ 《毛泽东文艺论集》，中央文献出版社 2002 年版，第 72 页。
④ 《毛泽东论文艺》，人民文学出版社 1992 年版，第 35 页。

日根据地进行抗日斗争和政治斗争的工具与武器，发挥文艺是革命的"齿轮和螺丝钉"的思想，是实现社会政治目标的重要战线，体现了革命功利主义的同时，强化了政治性特征。再如蔡元培在北大设立文学、绘画、音乐、书法等课程，并发表系列文章，通过美术教育批判利己主义，号召教育界以及全社会都关心美育，以此培养高尚的献身精神。由此可见，具有政治指引的中国主题性绘画作品，大大提升其战斗性和教育性，更好实现育人功效。另一方面，新时代的中国主题性绘画育人功能中坚持政治性特征，在实践过程中进行宣传教育。国家先后组织了四次革命重大历史题材美术创作活动，其中反映领袖与人民的作品获得广泛好评，并成为 20 世纪以来美术创作的经典。如 2016 年"领袖·人民——馆藏现代经典美术作品展"在中国国家博物馆展出（见图 1 - 12），抒发和谐社会下党与人民的血肉关系，通过栩栩如生的艺术形象诠释出新中国成立以来党和人民在实现中华民族伟大复兴的征程中，浴血奋战、坚忍不拔和顽强拼搏的民族精神。

图 1 - 12　领袖·人民——中国国家博物馆馆藏现代经典美术作品展①

---

① 《"领袖·人民"——馆藏现代经典美术作品展》，2016 年 1 月，新浪网（http: // www. zj. xinhuanet. com/2016—01/14/1117769204_ 11n. jpg）。

四 时代性特征

从定义来看，时代性是指人类在实践活动中随着时代的变迁而演变，不同的时代有不同的时代精神。恩格斯曾说："我们的理论是发展着的理论，而不是必须背得烂熟并机械地加以重复的教条。"① 由此可见，发展和变化是时代性的基本要素。中国主题性绘画创作同样伴随着我们党发展壮大，其育人思想也伴随着文艺创作不断发展完善，反映历史进步，代表时代发展潮流，具有鲜明的时代特征，成为中国主题性绘画的思想政治教育育人的重要特征。

1. 从历史发展来看中国主题性绘画育人就是把握时代脉搏，体现时代精神

如我们党成立之初，毛泽东在 1924 年广州农民讲习所时提出运用形象化、通俗易懂的"革命画"宣传党的思想，"指明我们的美术要服从于无产阶级的革命斗争，要在美术工作中贯彻无产阶级的革命精神"②。着重强调结合现实生活，反映当前的革命斗争，使"革命画"在人民群众中起到了很大的宣传教育鼓动作用。其中革命战争年代的抗日版画（见图 1-13）成为"团结人民、教育人民、打击敌人、消灭敌人"的有力武器。中国革命文艺的奠基人之一茅盾，在"九一八"事变后，号召作为一个进步的艺术家要充分运用美术加以形象的反映来"唤起民众"，是"时代加于我们肩上的伟大任务"，使之成为"时代精神的艺术"代表。伴随新中国的建设和发展，中国主题性绘画顺应时代发展的新要求，在体现国家意识形态，反映主流文化中，不断拓宽的创作路径，其宣传教育也不断发生变化，一方面表现在革命战争年代，共产党人为民族解放而奋斗的"民族精神"，对人民大众进行爱国主义教育。例如，傅抱石、关山月的《江山如此多娇》和石鲁的《转战陕北》，既是 60 年代中国主题性绘画创作高峰期的代表作品，也是"延安精神"红色形象的主要代表，通过革命历史

---

① 《马克思恩格斯全集》（第 10 卷），人民出版社 2009 年版，第 526 页。
② 黄可：《中国新民主主义革命美术活动史话》，上海书画出版社 2006 年版，第 32 页。

图 1 – 13　新民主主义革命时期的革命画①

题材创作表现共产党人革命英雄主义豪迈的气概，宣扬"革命精神"和爱国主义教育，至今看来仍然具有教育意义，具有强烈的时代色彩。另一方面表现新的社会主义改造和发展生产，呼吁美术家用社会主义思想武装自己，去表现这个时代最重大的主题，如反映如何领导和关怀农业合作化，以及表现社会主义改造美好事业所涌现的先进人物，对大众进行宣传教育。如宣传画《鼓足干劲　力争上游》（见图1 – 14）、中国画《唱模范》等。进入新时期以来，经济全球化、政治多极化，各种文化相互交融和激荡，这就要求中国主题性绘画创作的时代性，主要体现在弘扬中国精神和社会主义核心价值观上。习近平总书记指出："繁荣发展社会主义文艺，必须聚焦中国梦的时代主题，深入实践、深入生活、深入群众，推出更多无愧于民族、无愧于时代的文艺精品。"所谓中国精神，就是以实现中国梦为指引，将中国元素转化为中国精神，将价值观念融汇在艺术语言、艺术情感和艺术形象之中，以艺术性和感染性体现中国梦的精神内涵，让中国精神成为艺术创作的灵魂，来传达中国经验和讲述中国故事。以改革开放新时期的"重要事件"为线索来书写中国精神，诞生了许多具有时代

---

① 《抗日战争时期的革命版画》，2015 年 7 月，人民网（http://www.people.com.cn/mediafile/pic/20150703/54/11942495118993694054.jpg）。

特征的经典作品（见图1-15）。既是对革命传统教育的续写，又记录了国家重大历史事件和个人家国情怀。此类作品有袁武的《洪流滚滚》、邢俊勤的《澳门回归》、冯远的《世纪梦》等。

图1-14　社会主义建设时期的政治宣传画《鼓足干劲　力争上游》①

图1-15　改革开放以来的中国主题性绘画·邢俊勤、王吉松、罗田喜
《澳门回归》②

　　注：每个时期的美术作品都有其鲜明的时代性，成为描绘我国每个历史时期时代发展的真实反映。

---

　　①　吕澎：《20世纪中国艺术史》，北京大学出版社2006年版，第607页。
　　②　邢俊勤：《澳门回归》，2018年4月，人民网（http://img06. img. meishu. net/Uploads/mhxs/2018040712/h3kgklzgj1u. jpg/i_ b_ c_ r_ m. jpg）。

2. 从马克思主义文艺理论发展来看，党每个历史时期的文艺观都具有鲜明的时代性

恩格斯说："每一个时代的理论思维，从而我们时代的理论思维，都是一种历史的产物，它在不同的时代具有完全不同的形式，同时具有完全不同的内容。"① 追根溯源，我党领导人结合中国革命、建设和改革而做出的文艺理论论断，是基于马克思主义理论在中国的传播与发展，它的来源虽然是间接的，却深刻影响着中国文艺事业的发展，成为中国主题性绘画时代性特征的指导思想和理论基础。

第一，李大钊是中国最早接受并传播马克思主义的先进分子代表，也是"五四"时期代表着中国先进文化前进方向的杰出思想家。1919年李大钊等人翻译马克思《〈政治经济学批判〉序言》其中包括马克思最基本艺术观点在内的、有关唯物史观的经典表述，揭示了艺术的社会本质，把艺术作为一种"社会意识形态"，这正是马克思主义文艺观的核心内容。1923年至1926年期间，早期的共产党人瞿秋白、邓中夏、恽代英、萧楚女、张闻天等，在《新青年》《中国青年》《觉悟》等报刊发表了一系列马克思主义艺术理论文章，运用马克思主义唯物史观阐述艺术的社会属性，并结合中国革命实践提出"革命文学"，强调文学艺术为无产阶级革命斗争服务。鲁迅翻译的《艺术论》、瞿秋白阐述的马克思主义现实主义理论、周扬关于"自由人""第三种人"的争论、成仿吾的《从文学革命到革命文学》等，都促进了马克思主义文艺理论中国化的发展。

第二，毛泽东文艺思想是毛泽东思想的重要组成部分。1942年毛泽东的《在延安文艺座谈会上的讲话》，是中国马克思主义艺术理论进入成熟阶段的标志。毛泽东把马克思列宁主义普遍真理与中国革命文艺的具体实践相结合，科学地总结了五四运动以来的新文艺运动，特别是左翼文艺运动的历史经验，全面深刻地论述了文艺与政治、文艺与人民等一系列重要的文艺理论问题。这是中国化的马克思主义文艺理论第一次较为系统地阐发，创造性丰富和发展了马克思主义的艺术观和时代观。

---

① 《马克思恩格斯全集》（第20卷），人民出版社2006年版，第82页。

第三，以 1978 年党的十一届三中全会为标志，我国进入了社会主义现代化建设的新时期，产生了许多重要的文艺理论成果。首先，邓小平在第四次全国文代会上的讲话确立了邓小平的文化观，即我们的文艺属于人民。会上系统阐述了社会主义文艺的性质、方向、地位、任务、方针，重申党对文艺工作的领导和提倡不同形式和风格的文艺创作等一系列重大的文艺理论与实践问题。其次，江泽民在第六次、第七次全国文代会和第五次、第六次全国作代会上有关文艺的论述中，首次正面提出了"弘扬主旋律、提倡多元化"，要求文艺工作者更加深入人民群众生活，讴歌时代英雄，高唱爱国主义。最后，在新世纪新阶段，胡锦涛在第九次全国文代会和第八次全国作代会上的有关文艺的论述中强调，文艺工作者始终坚定文艺的创作方向、坚持以人为本、锐意创新和坚持德艺双馨的历史责任一系列重要的文艺理论问题，为繁荣社会主义文艺建设提供了正确的理论指导。

第四，进入新时代以来，习近平总书记在中国共产党第十九次代表大会上，关于繁荣发展社会主义文艺的论述中提出："以人民为中心的创作导向，加强现实题材创作，提升文艺原创力，倡导讲品位、讲格调、讲责任，抵制低俗、庸俗、媚俗。"[①] 尤其文艺座谈会上的讲话中，习近平总书记深刻回答了在实现"两个一百年"奋斗目标和中华民族伟大复兴中国梦的进程中，"文艺是时代前进的号角，最能代表一个时代的风貌，最能引领一个时代的风气"[②]。文艺起到了不可替代的重要作用，并且系统地阐述了如何发展文艺、如何领导文艺，如何坚定不移走中国特色社会主义文艺道路这样一些根本问题，这一重要论断，准确把握了文艺与时代的紧密关系，深刻揭示了文艺在展现时代精神、推动时代进步中的独特作用和重要意义。由此可见，从马克思主义文艺理论发展来看，中国主题性绘画的思想政治教育育人功能具有时代性特征。

---

① 习近平：《决胜全面建成小康社会 夺取新时代中国特色社会主义伟大胜利——在中国共产党第十九次全国代表大会上的报告》，人民出版社 2017 年版，第 43 页。
② 《习近平总书记在文艺工作座谈会上的重要讲话学习读本》，学习出版社 2015 年版，第 6 页。

第二章　中国主题性绘画的思想政治教育育人功能的具体表现

习近平总书记在党的十九大报告中指出："倡导讲品位、讲格调、讲责任，抵制低俗、庸俗、媚俗。"此外，2018 年 8 月，习近平总书记给中央美术学院八位老教授的回信中提出："美术教育是美育的重要组成部分，对塑造美好心灵具有重要作用。你们提出加强美育工作，很有必要。做好美育工作，要坚持立德树人，扎根时代生活，遵循美育特点，弘扬中华美育精神，让祖国青年一代身心都健康发展。"在党的意识形态工作中，中国主题性绘画充分体现国家意识形态、弘扬主流价值观，以讴歌党、讴歌祖国、讴歌人民、讴歌英雄的重大历史题材以及贴近人民大众的现实主义题材的绘画作品教育人、启发人。研究中国主题性绘画的育人功能必须以审美为脉络，遵循美育特点将这些功能有机地联系起来。席勒认为审美活动是一种不带任何功利目的的自由活动，通过这种自由活动，人就可以从受自然支配的"感性的人"变成"理性的人"而能充分发挥自己意志的主动精神，形成完美的人格。由此可见，通过欣赏中国主题性绘画这一审美活动，可以达到生活与形象的统一、感性与理性的统一、物质与精神的统一，从而实现"人格的完整"与"心灵的优美"。

思想政治教育的育人功能是指"通过培养、提高人们的思想政治素质，完善人们的人格"①。中国主题性绘画发挥思想政治教育育人功能，

---

① 冯刚、郑永廷等：《思想政治教育学科 30 年发展研究报告》，光明日报出版社 2014 年版，第 182 页。

在其创作和鉴赏中必然会融入主流价值观，体现国家意识形态，它不同于"硬性灌输"，在审美中更易于被人接受，从而对人民大众起到潜移默化的教育作用，实现思想政治教育的育人功能。中国主题性绘画的思想政治教育育人功能主要体现在以美育人功能、以情育人功能和以德育人功能。通过以美育人、以情育人和以德育人，实现以美怡情和以情立德的目的，引导人民的价值追求，最终"培养德智体美劳全面发展的社会主义建设者和接班人"。

第一节　以美育人

托尔斯泰在《艺术论》中曾说："艺术就是艺术家把自己体验用文字、线条、色彩表现出来，召唤欣赏者去体验这种情感。"① 艺术是人民情感沟通的渠道，艺术美是自然美和社会美的集中体现，是美的最高形态，因此，艺术教育是美育的最佳途径。从定义来看，美育是一种以美学理论为基础，以艺术教育、情感教育为手段，通过美的事物的熏陶和感染，来培养受教育者鉴赏美、接受美、创造美的能力，提高审美素养，形成审美态度，学会审美生存，最终达到培养完整人格，提升人生境界的一种特殊教育。美育又称美感教育、审美教育，也称情操教育和心灵教育，是审美活动的一种形式，康德认为审美是自然人获得教化的关键环节。在当前教育过程中，尤其是在实现人的自由全面发展教育过程中，以美育人功能已经成为一项必不可少的内容，尤其对学生发展起着十分重要的作用，"归根到底是要用中国人特有的审美习惯、审美规律和审美传统，塑造学生心灵，引领学生发展，从而夯实学生文化自信的精神基地"②。在当代高校教育中，审美教育具有极为重要的作用，因为优秀的艺术作品带给人民的不仅仅是视觉冲击，更是灵魂的沟通，心灵的净化。人民在体验中得到知识的学习，提升感受美的能力，寓美

---

① 〔俄〕列夫·托尔斯泰：《艺术论》，张昕畅、刘岩、赵雪予译，中国人民大学出版社2005年版。

② 杨晓慧：《以永远奋斗的精神姿态拥抱生活之美》，《人民政协报》2019年1月9日第9版。

于学，以学养德。因此，运用艺术作品教育和塑造学生的道德人格，提高审美修养，使之有美的修为，从而促进人的全面发展。

一　审美认知功能

审美认知功能，"主要是指人们通过艺术活动可以独特而又影响至深的认知人、社会、自然与历史等"①。审美认知是指主体对社会审美现象的认识、知觉、体会。审美认知的过程就是人民对普遍的审美现象的认识和判断过程。"不是对象事物中的美引发了人的美感，而是当人运用审美认知力对某一事物加以认知并产生了美感。"②

一件优秀的艺术作品通过一种直观的静态形象，使实际生活得以逼真的高度展现，高度浓缩历史发展过程中的某个瞬间，通过现实美、自然美以及艺术美等方面，提高人民的认知能力，对人生观及世界观进行引导，使个人品格得到完善，因而具有十分重要的教育价值。很多绘画艺术作品在陶冶情操方面起到一定教化作用，提高人民的认识水平、思想水平，最终成为德智体美劳全面发展的社会主义建设者和接班人。通过中国主题性绘画培养受众群体的艺术趣味、审美胸襟，调适感性与理性之间的审美差距，加强人文关怀，使人民具有丰富充实的审美世界，形成超越单纯功利的人生态度，从而使人民认识到自己存在的社会价值。例如，在培育和践行社会主义核心价值观上，如果简单地通过文字来表述，则很难提高大众的认识度，但通过中国主题性绘画创作，采用我国传统年画的手法，每个图片代表一个价值观核心词，将现实美和艺术美结合起来，培养人民的审美认知意识，这种审美教育方式具有亲和力和感染力，既形象又生动地传达出思想，又能够转化为人民的情感认同和行为习惯。再如油画作品《占领总统府》表现的是中国人民解放军占领南京总统府，升上的红旗标志着蒋家王朝覆灭，新中国开始，场面壮观，气势恢宏，具有感染力。通过现实主义和浪漫主义相结合的油画作品，提高广大人民群众的审美认知，不忘历史，砥砺前行。此外，

---

① 丁宁：《艺术功能论》，《艺术百家》2015 年第 5 期。
② 李志宏、张蕊：《审美认知：美学研究的第二条路径——康德〈判断力批判〉新解读》，《社会科学战线》2016 年第 4 期。

我国现阶段处在社会转型期，多种价值观念互相冲突和碰撞，导致社会上出现了很多审美扭曲现象，如"伪娘""女汉子"等审美失范，很大一部分原因是人民对审美的认知能力不强，分不清楚善恶美丑，通过以美育人传播一定的道德文化，客观上是对丑恶行为的批判以及对美善的宣扬，可以提高人民尤其是青少年对善恶美丑的认知，澄清模糊认识，做出正确的审美判断，提升人民的审美认知能力。

二 审美协调功能

"审美教育是一种特殊的情感教育，这种情感不同于认识情感，也区别于道德情感，是二者沟通的桥梁。"① 审美教育是一种综合性教育，不是单纯的知识传授，也不仅仅指艺术技巧的教育，而是潜移默化地对人的整体生活态度及人生观念的培养，是一种审美世界观。"美育的目的绝不是单纯地培养某种审美技巧、艺术技能，而是培养审美的人生观，即'生活的艺术家'。"② "生活的艺术家"是指拥有健康的世界观、人生观、价值观的人。而思想政治教育是教人追求真善美的实践活动，最终目的是促进人的全面发展。任何以培养人的全面发展为目标的教育，都不可缺少审美教育这种特殊的过程和行为，同时，美育是教育的特殊形态，又较为充分和直接地体现了现代教育的目标是促进个体的平衡发展，以人格和情感的塑造为目的，使人的各种潜能得到协调而和谐的发展，使这种作用自觉地渗透到不同的教育行为之中，在教育中占有重要的基础地位。因此，美育与思想政治教育并不是彼此分割的两个领域，就其内涵而言，二者的关系是相互促进、相互融合的辩证统一关系。如席勒所认为的，用不同的美来进行教育，目的都在于恢复人性的完整，克服人性的片面发展。"通过美被引向到形式与思想，精神的人通过美被带回到物质，又被交给感性世界。"③ 随着时代的发展、社会的进步，人民对审美的需求越来越大，把美融入思想政治教育中，通过更高的艺术即审美教育改造人、教育人、克服人的片面性，以美育作为

---

① 杨杰：《论审美教育的互动性特征》，《湖南师范大学教育科学学报》2004 年第 5 期。
② 曾繁仁：《美学之思》，山东大学出版社 2003 年版，第 550 页。
③ ［德］席勒：《审美教育书简》，冯至、范大灿译，上海人民出版社 2003 年版，第 141 页。

中介协调为实现人的全面发展，使人成为具有完整的人性的人，是当前思想政治教育的一个重要方向。因此，必须深入挖掘高校思想政治教育的审美价值，培养人的审美能力，形成高尚的世界观、人生观、价值观，激励人民不断追求美、创造美，为实现思想政治教育的最终目标奠定基础。

三　审美储善功能

"人通过审美的自由活动就可以培育、积淀自身的自由意志，形成具有文化内涵的普遍性的心理形式，获得不同于动物的社会性生存，从而能够自觉地放弃感官欲求和感性要求，牺牲一己的幸福乃至用自己的生命去服务于群体的要求、利益和愿望，去义无反顾地完成社会、民族赋予的历史任务。"①

费孝通先生在 80 寿辰上的 16 字箴言"各美其美，美人之美，美美与共，天下大同"，从本义上来看，我们应该首先发现自身之美，然后是发现和欣赏他人之美，再到相互欣赏、赞美，最后达到一致的和谐之美。由此可见，通过学会欣赏美才能创造美，从而构建出美的人格和美的人生。而审美教育可以使人民养成良好的道德规范，成为自身的内在信仰和行为要求，并自觉地付诸实践行动，就是所谓的"以美储善"。优秀的艺术作品所蕴含的传统美德如爱国主义、求实进取、博施众济、不屈不挠、自强不息等精神，可以更好地培养和引导人民热爱中华优秀传统文化，激发人们延续人类文明的信念和责任感。因此，在审美教育过程中，审美对象自身所存在的非理性的冲动、感官欲望以及负面情绪，就会潜移默化地受到理性的规范、引导与净化，逐渐渗透成为理性的审美情感。审美对象拥有这种纯理性的情感和能力，就能克服那些源于生理本能的非理性的欲望和情绪，不计较个人得失，为实现人类总体利益这种最高的善而献出一切。由此可见，通过审美教育，将真和善统一起来，在获得精神享受和生命愉悦的同时，可以更好地培养既有深刻理性又有丰富感性的全面发展的道德人。

---

① 李泽厚：《美学四讲》，生活·读书·新知三联书店 1989 年版，第 71 页。

四 审美娱乐功能

古罗马美学家贺拉斯提出：艺术应当寓教于乐。此外，康德谈到美的艺术时，对于艺术与快感的关系有极为鲜明的见地："艺术鉴赏里这个可以普遍传达的快感，就是建基于我们认识诸机能的自由活动中的自由的情绪，而不是建基于概念。"① 可见，愉悦、快乐是人性的天然要求，娱乐身心、调节民众生活节奏是优秀艺术作品的一项重要功能。审美娱乐作用主要是指通过艺术欣赏，使人民的审美需要得到满足，获得精神享受和审美愉悦，使身心得到放松和休息。

欣赏一件优秀的艺术作品不单单是放松身心的一种活动形式，也是一种审美的精神感受，因为只有美的事物才具备足够的吸引力和感染力，倘若艺术作品失去了娱乐和审美的基因或者偏离大众审美标准，那么作品本身也就趋于平淡。如以民族民俗为题材的中国主题性绘画作品，描绘多种多样的娱乐形式，节日中的庆典、民间游戏和竞技活动等都具有娱乐的功效。描绘民间文艺和民间竞技娱乐活动的艺术作品，是反映广大劳动人民原生态的民俗审美样态，以民众生活为主要表现内容，用民众喜闻乐见的活动通过艺术作品的形式表达出来，是一种以欢愉情感为主的具有善真内涵的审美艺术，通过审美娱乐，寓教于乐，实现价值引导。

第二节 以情育人

美感的特质是情感，美国哲学家苏姗·朗格指出，艺术形象作为一种特殊的符号是"情感的符号"。可见，在美育的过程中所进行的知识传授、思想教育都经过了审美情感的过滤，打上了强烈的情感色彩。此外，人的思想总是与情感相交织，情感是行动的内部动力，人的行动受情感驱使，通俗地说，情感就是客观事物引起的人的一种较为复杂的心理体验。在思想政治教育过程中，情感教育是人格教育的核心，关心体贴，以情感人是做思想教育工作一个有效的方法。思想政治教育不仅要

① ［德］康德：《判断力批判》（上卷），宗白华译，商务印书馆 1987 年版，第 151—152 页。

以理服人，而且还要以情感人，讲真理是人民心悦诚服的前提条件，而关心体贴则是进行教育的感情基础。以情育人既是传授知识的认知过程，又是开启学生心灵的情感过程。在教育过程中，关注受教育者的情感、态度和信念，不仅能加强思想政治教育功能的发挥，还能促进受教育者的个体发展和整个社会的进步。列宁曾说，没有人的情感就从来没有也不可能有人们对真理的追求。可见，思想政治教育的功能发挥，情感教育是至关重要的。中国主题性绘画作为艺术的特殊形式，蕴含着丰富的情感内涵，通过感性的视觉认识，抵达理性情感升华，培养健康的情感体验，其具体内容包括情感陶冶功能、精神寄托功能、心灵升华功能、思想共鸣功能。

一 情感陶冶功能

从"陶冶"的定义来看，"陶"有两层含义。第一层含义是指陶铸，有教化教育之意。王安石在《上皇帝万言书》中有言："所谓陶冶而成之者何也？亦教之，养之，取之，任之有其道而已"；孙华在《夏日斋中读书》中也道："陶冶发性灵，金玉出顽矿。"第二层含义是指怡情养性。杜甫在其诗作《解闷》中有云："陶冶性灵存底物，新诗改罢自长吟。"

情感陶冶是指通过外部条件的熏陶使自己的性情得以改善乃至升华。这一过程主要是通过熏陶来实现的，这种熏陶的特殊功效可用"化"和"渐"两个字概括。所谓"化"就是感化，使受教育者身入、心入教育环境中，不知不觉受潜移默化的教育。"化"的特点在于启发诱导，不能强硬灌输，充分调动受教育者本身的积极性。所谓"渐"是指浸渍，由点及面、由近及远、由浅入深地进行教育。苏联著名教育家苏霍姆林斯基曾说："道德习惯的实质就在于人的行为已经由良心的呼唤所支配，而这种呼唤的主调则是情感。"[1] 由此可见，情感教育可以有效地激活受教育者的情感体验、道德知识和道德规范，在无形中渗

---

① ［苏］苏霍姆林斯基：《帕夫雷斯中学》，赵玮、王义高、蔡兴文等译，教育科学出版社1999年版，第197页。

透心灵，是提高受教育者道德修养的重要教育方式。情感陶冶是中国主题性绘画在思想政治教育以情育人中的初级感受。首先，中国主题性绘画创作是一种审美活动，是创作主体在审美中所持有的系统观点和看法，是对历史、文化的一种社会意识形态的反映，只有健康、向上、积极的艺术作品，才能在情感上陶冶大众。其次，中国主题性绘画的情感陶冶功能不同于对受教育者进行系统的理论教育，不是采取直接"灌输式"的方法，而是充分利用艺术作品所具有的"政治品质美"的创作内容，逐渐渗透，实现寓教于乐、寓理于情，使受教育者日用而不觉，性情受到陶冶，思想受到启迪，达到创作主体和接受者的思想共鸣。

二　精神寄托功能

"寄托"有两方面的内涵：一是托付，二是心灵的某种依靠。一种源自精神层面本能的需求，将理想、希望、感情等放在某人或某种事物上。从心理学角度讲，就是指精神支柱带来的某种无形的动力。精神寄托是指为了促进彼此之间的联系而加强的社会融合，其特点是社会性和寄托对象的多样性。

习近平总书记在"文化育和谐"中指出："人，本质上就是文化的人，而不是'物化'的人，是能动的，全面的人，而不是僵化的'单向度'的人，人不仅要追求物质条件和经济条件，还追求'精神生态'的和谐。"[①] 这表明，对于人而言，物质需求是第一位的，但不代表精神文化上的寄托可以忽略。从纷繁世界创作出来的优秀作品，是百态人生的再现，是人民反思生活、憧憬未来不可或缺的精神寄托。一部优秀的作品，是发挥思想政治教育以情育人功能的有效载体。一方面，优秀的艺术作品作为一种精神产品，必然顺应一定时代的需要，是反映一定时期的产物，表达一定时期的主流价值观，对受教育者施以精神上的感染、引导和教化。另一方面，"优秀的艺术作品总能够满足人们对美好生活的精神向往，唤醒人们奋斗激情，鼓励人

---

① 习近平：《之江新语》，浙江人民出版社 2013 年版，第 150 页。

们走好人生的每一步。"① 习近平总书记在文艺座谈会上的讲话中提出："举精神之旗，立精神之柱，建精神家园，都离不开文艺。"② 作品应该更多地表达广大人民群众对美好生活的向往，对社会和谐的愿景，对民族复兴的期待，真切表达广大人民群众的朴素愿望。

三　心灵升华功能

"升华"是物理学术语，具有多种含义。在教育学中，比喻事物的提高和精炼，由低级向高级转化，郭沫若《文艺论集·批评与梦》："真正的文艺是极丰富的生活，由纯粹的精神作用所升华过的一个象征世界。"在哲学中运动形式的升级也是一种升华，即从心理活动升华为社会活动。因此，从不同学科领域的定义来看，情感升华是从低级到高级，从现象到本质的情感活动，精神寄托是情感升华的基础，而情感升华是精神寄托的进一步发展。如何家英的作品《秋冥》，以精巧的构思，精湛细微的笔法打造了一个童话般的梦境，置身于其中少女凝目冥思，所带来的至美感受不仅是一种散淡的诗意，而且还是一种动人心魄的力量，观者会在身心俱醉的审美享受中获得心灵的升华。

习近平总书记指出："追求真善美是文艺的永恒价值，艺术的最高境界就是让人动心，让人们的灵魂经受洗礼，让人们发现自然的美、生活的美、心灵的美。"③ 同样，黑格尔在《美学》中表述："艺术美高于自然。因为艺术美是由心灵产生和再生的美，心灵和它的产品比自然和它的现象高多少，艺术美也就比自然美高多少。"④ 从中国主题性绘画创作来看，弘扬主旋律，追求真善美，教化大众，是实现内在美追求高级的美的过程，情感陶冶是欣赏客体的感性认识，是主题性艺术创作实现内在美的初级阶段，着眼于关注物质本身的"器"，情感升华是欣赏客体通过作品追求理想感情升华，致力于达到思想深层的"道"，是高级的美，这种超越艺术本身的

---

① 周伟业：《以美育人以情立德——简论当代大学生为什么需要艺术教育》，《美与时代（下）》2014 年第 1 期。

② 《习近平总书记在文艺工作座谈会上的重要讲话学习读本》，学习出版社 2015 年版，第 7 页。

③ 同上书，第 27 页。

④ ［德］黑格尔：《美学》（第 1 卷），朱光潜译，商务印书馆 1986 年版，第 27 页。

"器"而达到形而上的"道"，由情感陶冶的初级体验而产生的思想寄托，进一步形成情感升华，实现由"器"向"道"的升华才能引起欣赏客体的心灵共振，是实现中国主题性绘画在情感教育中的重要过程。

四　思想共鸣功能

"共鸣"是物理学名词，是指物体由于共振的作用而发声，这种声学中的共振现象叫作共鸣，在思想政治教育的范畴中，"共鸣"是指思想上或感情上的相互感染而产生的情绪。一切艺术所以能够感动人，只是因为被感动的人从这种艺术里面引起某种程度的思想上的共鸣。思想共鸣是指通过交谈、交流，从心理上、思想上统一人生观和价值观，对事情有共同的看法和应对策略，进而解决问题。

思想共鸣功能是中国主题性绘画实现情感教育功能的最后环节，是欣赏客体内心"悟化"的最高境界。所谓"悟"，从心，声吾。顾名思义是吾心对世事的认知与理解，有明白、觉醒、领悟之意。《后汉书·张酺传》曰：未悟见出，意不自得。可见，如果没有欣赏客体内心悟化过程，很难达到情感教育中的思想共鸣。中国主题性绘画在实现情感教育过程中，一系列的"教化""浸化"，使得欣赏客体的生命意识与艺术创作的思想情感、价值观念进行深度交流与对话，客体生命里和主体艺术创作承载着的思想价值进行思想沟通，引起欣赏客体的心灵震撼，激发对人生价值的追问与感悟。如新民主主义革命时期，"革命画"成为宣传党的事业的重要组成部分，正是受教育者的悟化与革命画表达的内容达成思想共鸣，转化为行动，才成为"团结人民，教育人民，打击敌人，消灭敌人"的有力武器。因此，思想共鸣功能是实现中国主题性绘画情感教育的最高境界。美的事物包括自然美、社会美以及艺术美。今天，在实现中华民族伟大复兴中国梦的进程中，文艺工作者需要以弘扬社会主义核心价值观所倡导的精神，"努力创作生产更多传播当代中国价值观念、体现中华文化精神、反映中国人审美追求，思想性、艺术性、观赏性有机统一的优秀作品"①。激发广大人民群众的奋斗热情，

---

① 《习近平总书记在文艺工作座谈会上的重要讲话学习读本》，学习出版社 2015 年版，第 8 页。

实现思想共鸣。

综上所述，中国主题性绘画在思想政治教育中以情育人功能的具体表现为：情感陶冶功能，精神寄托功能，心灵升华功能，思想共鸣功能。情感陶冶功能是以情育人功能的前提和基础，是欣赏客体的初级感受，实现思想共鸣的初步阶段；精神寄托功能是以情育人功能的中心环节，是由具象思维转化为抽象思维的重要环节，从而进入更深层的认识；情感升华功能是以情育人功能达到思想深层的"道"的高级阶段，也是中国主题性绘画实现由"器"转向"道"，实现高级美的主要表现；思想共鸣功能是中国主题性绘画以情育人功能的最终环节，是由抽象思维转移到形象思维成为欣赏客体"悟化"思想指南，激发欣赏客体对人生价值的追问与感悟，进而转化为行动，要入眼，入脑，更要入心，达成内化于心、外化于行、互化于境、同化于群的理想效果。

第三节　以德育人

"德育过程，说到底是对德育对象'施加影响'以培育社会所需要的人的思想品德过程。德育过程的根本目的是为了培养德育对象的思想品德，为了生成新的思想道德主体。"[①] 2014 年 1 月，教育部印发《关于推进学校艺术教育发展的若干意见》中明确提出："艺术教育对于立德树人具有独特而重要的作用。"鲁迅先生在《鲁迅论美术》一书中说："美术可以辅翼道德。美术之目的，虽与道德不尽符，然其力足以渊邃人之性情，崇高人之好尚，亦可辅道德以为治。物质文明，同益曼衍，人情因亦同趋于肤浅；今以此优美而崇大之，则高洁之情独存，邪秽之念不作，不待惩劝，而国义安。"[②] 由此可见，绘画艺术不仅可以陶冶人的性情，净化人的心灵，让人身心健康发展，同时还能培养人的高尚品德。"艺术教育与品德教育犹如车之两轮、鸟之双翼，是完善人

---

① 张澍军、王立仁：《论德育过程的内化机制》，《社会科学战线》2003 年第 2 期。
② 《鲁迅论美术》，人民出版社 1956 年版，第 21 页。

格两个最为重要的方面。"① 虽然二者在内容、形式方面不同，但在目标上是一致的，即追求向善向美，追求美好人生，追求人类精神世界的富足，追求人的知、情、信、意的统一，以实现人的自由全面发展为最终目标。

一 德育渗透功能

19 世纪末哈佛大学著名艺术史教授查尔斯·诺顿所言："对我来说，艺术史是一种最为神圣的文化传统。通过研究艺术，人们可以发现自身潜在的精神追求和美的理想，从而使自己变得更加文明。"② 德育是促进人民综合素质全面发展的重要手段，将德育渗透到中国主题性绘画中能够培养人民高尚的品质和情操。

艺术作品是反映创作者和欣赏者的道德认同的载体之一，对人的德育渗透不仅表现在审美活动上也表现在道德实效性上。首先，中国主题性绘画在育人功能中，将艺术形象美渗透于抽象的德育之中，使抽象的感性知识变得形象、活泼，具有感染力和吸引力，避免了传统德育被灌输与空洞说教，让学生在美的享受中获得情感和思想的愉悦、理智的满足、心灵的净化。其次，"德育与艺术教育的融合，有利于彰显德育内容的社会美、自然美、科学美与创造美，并使思想政治教育在内容结构、方法手段等方面给人以审美的享受与道德情感的熏陶，体现德育形真、情切、意远、理蕴的审美特点，超脱了功利主义和知性主义的束缚，依藉艺术形象，营造出美的意境，抒发美的情感，让学生在道德学习与艺术审美体验中发现美、感悟美、欣赏美，进而追求美的理想，生成美的人格，塑造美的人生"③。再次，中国主题性绘画以德育人的渗透功能，使审美感知、审美情感与道德认知、道德情感互相渗透，互相融合，有利于现代德育冲破传统教条主义的樊篱，实现向现

---

① 周伟业：《以美育人以情立德——简论当代大学生为什么需要艺术教育》，《美与时代（下）》2014 年第 1 期。

② Charles E. Norton, *Letters of Charles Eliot Noton*, Vol. 2（S. H. Norton & A. Dewolfe, Eds.），Boston 1913, p. 29.

③ 杨晓华：《高校德育与艺术教育的关系探析》，《思想政治教育研究》2012 年第 4 期。

代育人的转换。

二　德育导向功能

"导向"是使某事物向某个方向发展，即引导的方向。德育导向功能是指通过中国主题性绘画进行思想政治教育育人过程中，引导人民形成正确的思想道德。杜威认为："艺术家是每个人可接近艺术，基于个人和社会的经验，建立具有改革意义的认识模式。正是一种通过艺术的道德感，激发想象，去构思并改善生活，形成有价值、有尊严、引领我们如何生活的丰富经验。"[1]

接受者欣赏艺术作品的过程中，潜移默化地受到思想、道德的熏陶，塑造并改变人民的认知环境，对人民的思想道德素养进行引导，从而降低认知的盲目性，将其引向预设的价值目标上来，成为符合时代要求的全面和谐发展的新型人才。实际上中国主题性绘画以德育人功能的本质就是要实现人的自由而全面的发展，就是帮助人实现自然人到具有审美能力的人再到道德的人，最终达到审美境界的人的过程。而这一鲜明导向催发了这一进程，个体在认识自我中开发"德能"，在追求真善美的过程中实现自我，最后通过自我扬弃、超越自我，使人趋于全面自由发展。

三　德育培育功能

"思想政治教育的基本任务是要提高人们的思想政治觉悟，发展和完善教育者的道德品质。"[2]"培育"具有培养、教化和教育之意。培育功能是指对某事物培养教育而产生的积极、有利的影响和作用。中国主题性绘画的德育培育功能，是指在利用中国主题性绘画进行思想政治教育的过程中，有效调动人民的德育积极性，将道德的他律手段内化为自律功能。在人格培育过程中，通过道德情感培养与艺术审美两者相统

---

① T. Alexander, *The Art of Life：Dewey's Aesthetics*, Hick-man L. Reading Dewey Bloomington：Indiana University Press, 1988.

② 陈万柏、张耀灿主编：《思想政治教育学原理》，高等教育出版社 2007 年版，第 64 页。

一，使人在获得审美愉悦和享受的同时，心灵得到净化，道德情操得以陶冶，使人的道德品质不断得以升华，从而成为一个涵养丰厚、人格高尚的人。此外，中国主题性绘画以直观的形象感染人，以美的方式赞美美好事物，通过表现和塑造情感来培育人的个性，充分发挥中国主题性绘画以德育人功能，心灵得到净化，精神享受愉悦，把培育道德人格的作用发挥到极致，有利于实现理想道德人格的塑造。

中国主题性绘画的思想政治教育的德育培育功能有以下作用解析：一方面，中国主题性绘画虽然强调弘扬主流价值观念，宣扬国家意识形态，但题材类型却不同，有的描绘的是革命历史和建设的宏伟篇章，也有贴近人民生活的温馨作品，在很大程度上满足了多样性和多层次性的人民需求，尤其是那些贴近人民生活的艺术作品成为日常生活中有效的培育手段；另一方面，中国主题性绘画具有审美风格和价值内涵，为人民呈现出艺术的视觉盛宴，满足人民的精神需求。中国主题性绘画这一独特的教育方式对人民德行的塑造、人格的升华有直接的影响，能够促进社会个体成员的全面发展。

四　德育提升功能

德育提升功能就是提高人民的道德认知能力，"道德认知是人们对社会道德现象的认识、知觉、体会。道德认知的过程就是人们对普遍的道德现象的认识和判断的过程"①。"德育与艺术教育的融合能给人以自由、超越的审美快乐，在规范、节制与净化情欲的基础上，提升生活品位，赋予人类以超脱精神，陶冶和塑造出一种豁达的认识态度和完美的认识境界。"② 我国当前处在社会转型期，各种道德观念和文化相互碰撞，造成了当今社会上出现的道德失范现象，使得人民无法做出正确的价值判断，很重要的原因之一就是人民对道德的认知能力不强，混淆善恶美丑，而中国主题性绘画作为传播真善美的重要载体，满足人民精神文化生活的同时，也传播了主流价值，让人民认清善恶美丑，分辨哪种

---

① 魏传光、洪志雄：《论大众传媒的德育功能及实效提升》，《教育与教学研究》2014年第8期。

② 刘希里：《论艺术教育与大学生全面发展》，《艺术探索》2006年第S1期。

行为是对的，哪种行为是错的，澄清模糊认识，做出正确的道德判断，提升人民的道德认知能力，使人的内心情感和谐发展，并以积极健康、乐观向上的态度面对生活与人生。

第三章 中国主题性绘画的思想政治教育育人功能的历史脉络

中国主题性绘画自产生起，就通过艺术形式传播思想观念、价值追求，发挥了成风化人、凝心聚气的教育作用。中国主题性绘画在体现真善美的艺术价值过程中，托物言志、寓理于情，不断启迪思想、铸造灵魂，历经了新民主主义革命时期、社会主义建设时期以及改革开放至今三个不同历史时期，一直发挥着重要的育人作用。从历史发展角度来看，中国主题性绘画在各个时期的绘画特点及表现特征，呈现出不同时代的精神脉络，形成了不同的教育作用。新时代，实现中华民族伟大复兴，更需要中国主题性绘画立时代之潮头，发挥培育"共同的情感和价值、共同理想和精神"① 的育人功能。本章据此将百年来中国主题性绘画的思想政治教育育人功能的形成发展划分为三个时期，并梳理分析不同时期中国主题性绘画育人功能的基本内容、基本原则以及不同时期中国主题性绘画育人功能的特征。

第一节 革命时期以"革命"为题材的革命画创作及育人功能

新民主主义革命时期革命画的育人思想，是建立在党的文艺思想特别是毛泽东文艺思想的基础之上的，其形成发展过程也与毛泽东文艺思想的形成发展过程基本一致。这一时期革命画的作品呈现的育人功能是

---

① 《习近平总书记在文艺工作座谈会上的重要讲话学习读本》，学习出版社 2015 年版，第 5 页。

由党在这个时期所处的客观环境和历史地位来决定的，在大革命、土地革命、抗日战争以及解放战争时期成为"团结人民、教育人民、打击敌人、消灭敌人"的有力武器。

一　背景和内容：新民主主义革命时期及其作品呈现

1919 年爆发的五四爱国运动，有其深刻的社会根源。这场伟大的革命运动，就是在中国社会基本矛盾日益深化的基础上发生的。五四运动爆发在第一次世界大战以后，它受到苏俄十月社会主义革命和当时世界革命潮流的影响和推动。五四运动促进了中国工人运动和马克思主义思想运动的结合，为中国共产党的成立奠定了思想基础。1921 年中国共产党在上海成立，揭开了中国新民主主义革命崭新的历史，使中国革命有了坚强的领导力量和科学的思想理论武器，发生了翻天覆地的变化。在整个新民主主义革命历史进程中，为革命斗争服务的美术活动火热开展，在整个革命事业中发挥着重要作用。基于以上历史，在新民主主义革命时期党以"革命画"作为宣传武器，为革命斗争服务，共经历了"萌芽期""初创期""成熟期"三个阶段。

（一）"大革命"时期革命画育人的"萌芽期"

1915 年，新文化运动为五四运动奠定了思想基础，也为美术革命思潮的兴起奠定了基础。"革命美术"的口号由吕澂、陈独秀首次在《新青年》上提出。鲁迅、刘海粟等革命先驱提出"艺术救国、艺术革命"的主张。1919 年五四运动中，最先把美术作品用于社会实践和为革命斗争服务，涌现了大量的漫画作品，作为一种艺术武器，形象地揭露反动派的卖国伎俩，为唤醒民众起来斗争起到了重要宣传、鼓动作用。1921 年，中国共产党的成立使在五四风暴中诞生的革命美术得到了迅速发展，在党领导下的革命美术政治旗帜更鲜明、斗争方向更明确、发挥作用更突出。1926 年 2 月，中国共产党在广州成立农民运动讲习所，其间"毛泽东非常重视增设美术课程，他在确定美术课程时强调说：不要叫美术课，也不要叫图画课，而应叫作'革命画'"[①]。"毛

[①] 黄可：《中国新民主主义革命美术活动史话》，上海书画出版社 2005 年版，第 32 页。

泽东之所以确定'革命画'这一课程名称，是在于将革命的美术与一切为剥削阶级服务的旧美术划清界限，指明我们的美术要服从于无产阶级的革命斗争，要在美术工作中贯彻无产阶级的革命精神。"① 1927 年国共两党北伐合作期间，全国各地工人和农民革命团体创办了很多革命美术刊物，发表了很多描绘北伐战争的作品，配合前线，发挥着宣传、鼓舞和战斗的重要作用。毛泽东发表的《湖南农民运动考察报告》指出要用"很简单的一些标语、图画"来对广大农民进行宣传教育。同时，黄文农、关良、叶浅予等一批美术家投笔从戎，配合革命斗争，创作了大量政治宣传画，在反帝反封建斗争中起到了积极鼓动作用。

（二）"土地革命"时期革命画育人的"初创期"

随着革命形势的不断发展，第二次国内革命战争期间，党在开展激烈的军事、政治斗争的同时，还直接担负起了文艺工作的领导责任，这一时期所领导的新文化运动，在国统区和革命根据地建立了红色美术和红色美术团体，是新民主主义革命时期革命画发展的"初创期"。

1. 苏区红色的革命画创作及育人

苏区的中共红军非常重视美术工作，把革命画作为宣传革命思想的重要武器。在中央苏区，开展群众性的革命画创作活动，这些作品突出强调了中共红军在一切革命工作中的领导作用。1928 年 6 月 21 日，中央通告第五十四号指出："宣传鼓动工作异常重要，各级党部要特别注意的做传单、壁报、时事画、小报、小册子、标语、报告事实消息的小纸片，不限定用 C. P. 的名义，最好用民众团体的名义，或不用名义亦可。每天散发到每个工厂、学校、农村、商店、兵营中去，不断地刺激鼓动群众的热情。"② 毛泽东在《中国共产党第四军第九次代表大会决议》中明确地指出了包括文艺宣传在内的红军宣传工作任务，就是扩大政治影响，争取广大群众，并多次强调要用大众化的文艺形式向广大群众普及文化教育，进行文艺宣传。这充分体现了文艺与群众的结合，文艺大众化的原则。同时，毛泽东高度重视对文艺工作的组织领导，他在

① 黄可：《中国新民主主义革命美术活动史话》，上海书画出版社 2005 年版，第 28 页。
② 《中共中央文件选集》（第 4 册），中共中央党校出版社 1983 年版，第 160 页。

《决议》中明确指出，"军政治部宣传科的艺术股，应该充实起来，出版石印的或油印的画报。为了充实军艺股，应该把全军绘画人才集中工作"，"化装宣传是一种最具体最有效的宣传方法，各支队各直属队的宣传队均设化装宣传股，组织并指挥对群众的化装宣传"。"宣传队中设口头宣传股及文字的宣传股，研究并指挥口头及文字的宣传技术。"[①]保证了革命画宣传工作的正确方向。1933 年 12 月在江西瑞金成立的中华苏维埃共和国第一个美术出版、展览和创作的研究机构——"工农美术社"，出版了大量的报刊和画报，将革命美术创作活动推向全苏区。工农红军长征中，革命美术利用一切可能，配合长征斗争作画、写标语，宣传鼓动，记录下了长征的光辉史迹。此外，在重要革命根据地先后创办了八十多种报刊和专业性的美术画报，并发表了大量插画和美术作品，如《红色中华》《红星画报》《永济画报》《革命画集》等。

2. 国统区的左翼美术运动及育人

"左翼美术活动始于 1926 年 12 月的上海，随着国内矛盾和民族矛盾的尖锐，在中国共产党的领导和影响下，无产阶级的革命美术进一步发展，左翼美术运动强调美术的工具性，强调美术为无产阶级政治服务，强调为社会而艺术。"[②] 形成了一批有影响力的革命美术团体和个人，虽然活动方式不同于工农革命武装斗争地区，但是同样紧密配合了中国新民主主义革命不同阶段的政治斗争任务，同时冲破了反动当局的文化"围剿"，创作了大批富有时代气息、催人奋进的革命美术作品，活动几乎深入国民党统治区，努力宣传马克思主义理论，使革命文艺发挥了重要的宣传作用。如被誉为"中国第一革命美术团体和个人"的"一八艺社"就是中国美术界最早的带有强烈革命色彩的美术团体。还有"时代美术社""中国左翼美术家同盟"等，聚集了胡一川、刘梦莹、周佩华等大批革命文艺家，他们深入群众，以劳动人民为题材，配合当时的政治斗争，创作了一大批针砭时弊的革命美术作品。再如1927 年在上海成立了最早的漫画团体——漫画社，该团体要求："画家

---

① 《毛泽东文集》（第 1 卷），人民出版社 1993 年版，第 101 页。
② 汪洋：《艺术与时代的选择——从美术革命到革命美术》，浙江大学出版社 2011 年版，第 96 页。

们的作品要深入街头和工厂，进行对无产阶级的宣传教育活动"，"以绘画为武器，积极促进社会革命"①。同时在鲁迅先生的积极倡导和扶持下，极大地推动了中国新兴木刻运动的发展，先后涌现了"MK 木刻研究会""现代木刻研究会""上海木刻研究会""野风画会""野岁木刻社"等木刻社团组织。总之，国统区的左翼美术运动，文艺团体之多、形式之灵活、美术社团之独立，有效地配合着革命画在新民主主义革命时期发挥宣传革命思想、团结人民、教育人民重要作用。

（三）"抗日战争"和"解放战争"时期革命画育人的"成熟期"

1931 年至 1949 年，即抗日战争和解放战争时期，是新民主主义革命时期革命画发挥育人功能的"成熟期"。这一阶段其宣传教育思想是建立在已经成熟的毛泽东文艺思想的基础之上，主要标志是毛泽东的《新民主主义论》和《在延安文艺座谈会上的讲话》的发表，其中毛泽东《在延安文艺座谈会上的讲话》的引言开宗明义地指出："要使文艺很好地成为整个革命机器的一个组成部分，作为团结人民、教育人民、打击敌人、消灭敌人的有力武器，帮助人民同心同德地和敌人作斗争。"因此，美术活动成为宣传党的思想的有效手段得到深入发展。

1. 抗战时期的革命画创作及育人

"抗日战争全面爆发后，全民族的共同立场是民族自救与自立，文艺界也达到了空前的团结与统一；艺术必须服从于伟大的民族解放战争，几乎成为所有美术家的共识。"② "包括美术在内的一切文艺都被燃烧抗日救亡激情的文艺家们视为鼓动民众投身于民族解放洪流的宣传工具和反抗侵略者的斗争武器。"③ 由此可见，抗战时期利用美术宣传战斗是基于民族立场，适应时代需要，把阶级斗争的工具转化为民族救亡的武器，体现出质朴与炽热的爱国情怀。全国各地的美术团体和画家利用木刻版画、漫画等多种形式配合抗日救亡运动。1938 年，随着上海、

① 李树声、顾森：《百年中国美术经典文库·中国传统美术》，海天出版社 1998 年版，第 137 页。

② 汪洋：《艺术与时代的选择——从美术革命到革命美术》，浙江大学出版社 2011 年版，第 97 页。

③ 黄宗贤：《大忧患时代的抉择》，重庆出版社 2000 年版，第 132 页。

南京的陷落，武汉成为暂时的政治中心，大批美术工作者云集武汉街口及车站码头等地，开展声势浩大的抗战美术宣传活动，出版抗战美术刊物，创作大批美术作品，宣传抗战的版画、漫画及大量的标语随处可见，如宣传画《从正义的战争》《还我河山》等。随着武汉、广州相继陷落，徐悲鸿、丰子恺等美术名家来到桂林，举办多种木刻、漫画训练班，培养美术人才，举办展览，宣传抗战，唤醒民众。例如，浙江的郑野夫、杨可扬等人创作的抗战木刻版画，又如重庆、广东、西安、成都等城市的许多美术组织和画家也利用漫画、版画等形式积极创作宣传、组织、配合抗战。

随着全民族抗日战争的深入开展，民族解放形势日益严峻，到1938 年夏，八路军和新四军已在敌后方开辟和建立了晋察冀、晋冀鲁豫、晋绥、山东、华中等抗日根据地。此时，一大批美术工作者肩负民族解放的崇高使命活跃在抗战第一线，以写标语、画宣传画、印年画、办展览、出画刊等形式，宣传动员民众抗战，革命美术工作全面展开，有力地配合了前线的抗日战争。如 1939 年边区成立专业文艺组织——中华全国美术界抗战协会晋察冀分会，以增强文艺作品的革命功效，正如聂荣臻在"晋察冀边区第二届艺术节"上指出："在八路军的军队里，有一贯的传统，就是把艺术当作政治工作的武器。"① 因此，晋察冀军区政治部在司令员聂荣臻的领导下，创办了《抗战画报》《晋察冀画报》等，同年冬季，抗日战争进入战略相持阶段。美术工作者根据战略相持阶段的特殊情况和战斗任务，深入开展抗战美术创作和宣传活动。1942 年 1 月，八路军一二九师和晋冀鲁豫党委联合召开了"文化人座谈会"，邓小平指出"文化工作应该服从抗战的每一个具体的政治任务"，他要求"把新旧老少文化人进一步动员组织起来，为夺取中华民族抗日斗争的胜利，更好地深入斗争生活，进行创作，为群众服务"。正如木刻版画《八路军来了》，描绘八路军收复国土、解救人民，使人民生活终于有了希望，喊出藏在心中的一句话"八路军来了"。作品感人至深，对团结人民、打击敌人起到积极的宣传作用。华中敌后抗日根

① 《聂荣臻传》，当代中国出版社 2006 年版，第 146 页。

据地，木刻版画的艺术样式在新四军中被广泛运用，包括邮票、银行发行的货币、军队的臂章等，都采用木刻版画样式来表现，例如画家芦芒、程亚君、吴耘等，先后以木刻版画刻制过精细的"抗币"钞票。

2. 解放战争时期的革命画创作及育人

抗战胜利后，由救亡而兴起的美术活动得到了深入发展，随后而来的解放战争，美术活动在解放区和国统区以不同的方式继续存在，在40 年代后期新的战争形势和政治较量，进一步得到巩固和加强。在国统区，一些讽刺国民党黑暗统治，争取民主自由的漫画、短篇连环画和木刻版画等，紧密配合革命需要，宣传教育人民群众与国民党反动派作斗争。上海美专积极开展进步木刻运动，创作许多以"反饥饿、反内战、反迫害"为内容的作品，如夏子颐的《闻一多》、贺鸣声的《心诉》，丰子恺、米谷、张乐平、叶浅予的漫画作品讽刺和揭露了国民党的黑暗独裁统治、迫害民主人士和发动全面内战等罪恶，反映和讴歌人民群众反抗斗争。在解放区尽管在某些方面作了一定的调整，但基本上还是延续延安时期美术思潮下的革命美术纲领。正如江丰在《解放区的美术工作》一文中总结解放区的美术工作时指出："解放区的美术工作，明确地接受了毛主席所号召的为工农兵服务的文艺思想之后，有了根本变化，从一九四三年开始，特别是解放战争以来，画报、新年画、连环画、新洋片、墙画、对敌宣传的传单画、街头展览……这些直接为工农兵服务的美术工作，由于它活动普遍，参加工作者多，在群众中的影响大，就成了解放区美术运动的主要构成部分。"由此可见，解放区的美术活动，紧密配合具体的政治任务，是它的基本特色，所以在反映现实上要求更及时、更尖锐。前线的美术工作者通过努力实践投入火热的群众斗争中去，创作源泉丰富、情绪饱满，因此作品富有生活内容并得到群众喜爱，发挥鼓舞群众、教育群众的有效作用。如 1946 年创立的《东北画报》，面向农村、面向战地、面向士兵。此外，华君武、张仃、蔡若虹等在解放区创作了大批形象生动、幽默、犀利的漫画作品，如《磨好刀再杀》《运输队》《虚伪的和平》《城头变幻大王旗》等，有力地支持和配合了人民解放斗争。

二　特征：针对性、局域性和战斗性

中国主题性绘画在革命战争年代又称政治宣传画，是催战出征的战鼓，是策马奔腾的号角，有着很大的宣传、鼓动和教育作用。在整个新民主主义革命时期，作品主题鲜明，其育人功能特征表现在以下几个方面。

1. 新民主主义革命时期革命画的思想政治教育育人功能具有明显的针对性特征

这一特征是由新民主主义的性质决定的，毛泽东在《新民主主义论》中深刻分析了当前中国的主要矛盾，即"帝国主义和中华民族的矛盾，封建主义和人民大众的矛盾，这些就是近代中国社会的主要矛盾"，"伟大的近代和现代的中国革命，是在这些基本矛盾的基础之上发生和发展起来的"。同时，在谈及新民主主义革命文化时，毛泽东分析了既不是资产阶级的文化专制主义，又不是单纯的无产阶级的社会主义，而是以无产阶级社会主义文化思想为领导的人民大众反帝反封建的新民主主义。张闻天在《中华民族新文化的内容与性质》一文中指出，"中华民族的新文化必须是为抗战建国服务的文化。要完成这个任务，它必须是民族的，即抗日第一，反帝、反抗民族压迫，主张民族独立与解放，提倡民族的自信心，正确把握民族的实际与特点的文化"[1]。由此可见，这一时期的中国主题性绘画创作始终以解决社会主要矛盾为创作方向，作品直指封建主义、官僚资本主义和帝国主义这"三座大山"。这一时期的中国主题性绘画必然具有革命斗争思想，带有针对性特征，如华君武的《榜样》、黄文农的《大拳在握》、《帝国主义洋行》（见图 3 - 1）、《新军阀蒋介石甘自向坟墓里摸索前行!》、《怎能受那许多人的吸吮》（见图 3 - 2）等。这些作品直指中国革命对象——"三座大山"，揭露其压迫民众的丑恶嘴脸，表现人民生活困苦，具有很强的现实批判和启发民众心智的作用。由此，新民主主义革命时期中国主题性绘画的思想政治教育功能具有显著的针对性，使其成为反帝反封建的革命"武器"。

---

[1] 《张闻天选集》，人民出版社 1985 年版，第 252 页。

图 3 - 1 宣传漫画《帝国主义洋行》①

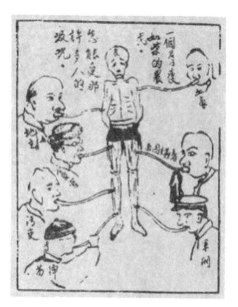

图 3 - 2 宣传漫画《怎能受那许多人的吸吮》②

　　注：新民主主义革命时期的版画作品具有针对性特征，重在表现人民被"三座大山"压迫，生活困苦，启发民众全民革命。

———————

① 黄可：《中国新民主主义革命美术活动史话》，上海书画出版社 2005 年版，第 42 页。
② 同上书，第 30 页。

2. 新民主主义革命时期革命画的思想政治教育育人功能具有局域性特征，主要是开展以革命自救为目的的宣传教育

以抗日战争时期为例，"七七事变"后中共建立了晋察冀、晋冀鲁豫、晋绥、山东、华中等抗日根据地，不同的根据地都有不同的美术活动，但其主要宣传范围集中于党领导的局部红色政权之内。例如"晋察冀抗日根据地的画家们按毛泽东主席'争取敌伪军工作为八路军政治工作的三个重要方面之一'的指示，以突击创作的方式，创作出了一批对敌人进行宣传的木刻画传单，通过我武工队、游击队迅速地散发到敌占区，甚至张贴到敌人的炮楼上，也有将木刻画传单绑在箭头上投射到敌方碉堡区里，起到瓦解敌人作用"①。又如邹雅创作的木刻组画《日本觉醒联盟在太行山解放区》（见图 3-3），表现了被我八路军在太行山解放区俘获的日本士兵，经我政工人员的耐心教育之后，已经觉醒，从而认识到日本军国主义政府侵略中国的罪恶行径，组织起来"日本觉醒联盟"，开展对日军的反战宣传。新四军三师地区以版画的形式征召新四军战士和农民美术通讯员的活动，为抗日战争注入很多有生力量，进而推广抗日运动；东北抗日联军出版的油印画报

图 3-3　版画《日本觉醒联盟在太行山解放区》②

① 黄可：《中国新民主主义革命美术活动史话》，上海书画出版社 2005 年版，第 139 页。
② 同上书，第 149 页。

《东北画报》（见图 3 - 4）紧密配合了三年解放战争不同阶段的斗争任务，发表了大量不同形式题材的美术作品，起到了强有力的宣传作用，《东北画报》集中地反映了东北解放区美术活动的面貌，也是东北解放区美术活动的缩影。这些作品，犹如"星星之火"呈燎原之势，采取美术革命的形式穿透反动势力的封锁和包围，将革命的火种播撒到侵略区和国统区，配合前线，起到鼓舞人民、瓦解敌人的重要作用，极大地增强了广大群众的革命热情和保家卫国情怀。

图 3 - 4　刊物《东北画报》①

注：革命时期的版画具有局域性特征，描绘每个"红色"革命根据地，成为革命"燎原"的"星星之火"。

① 黄可：《中国新民主主义革命美术活动史话》，上海书画出版社 2005 年版，第188页。

3. 新民主主义革命时期革命画的思想政治教育育人功能具有战斗性特征，主要是以推翻"三座大山"为核心的宣传教育

这一时期战斗性特征是由新民主主义革命时期的基本方针决定的，毛泽东《在延安文艺座谈会上的讲话》深刻指出："在现在世界上，一切文化或文学艺术都是属于一定阶级，属于一定的政治路线的。为艺术而艺术，超阶级艺术，和政治并行和互相独立的艺术，实际上是不存在的。"这就是说，在整个阶级社会，尤其是新民主主义革命时期，社会分裂为两大互相直接对立的阵营，进行着革命性的阶级斗争，如抗日战争时期，党处在残酷的军事斗争和民族救亡斗争的环境中，文学艺术必然表现出鲜明的、强烈的、自觉的阶级性和战斗性。一些工人画报以及有关革命刊物，创作出许多以表现革命斗争为主要内容的绘画作品，宣传摆脱个人利己主义的束缚，积极投身抗日战斗中来，贯穿整个革命时期。例如第一次国共合作的国内革命战争失败后，全国进入了白色恐怖的黑暗统治时期，也成为革命画创作的艰苦时期，大部分美术工作者随时面临生命的威胁，仍坚持以革命画为战斗武器，锋芒直指反动派。如郑野夫的《号召》（见图3-5）和《搏斗》、胡一川的《到前线去》（见图3-6）、刘岘的《示威》、温涛的《咆哮》、李桦的《怒潮组图·起来》等，这些作品的创作水平及宣传途径都受到当时环境的制约，作品以战斗场面作为内容，大力宣传抗日、动员民众、鼓舞士气，使民众认清只有坚决抗日、争取抗战胜利，才是救国救亡的唯一出路，发挥积极的宣传、教育、鼓励和战斗作用。再如版画作品《怒吼吧，中国！》，作品虽然没有描写战斗场面，但入木三分的刀刻线条刻画出紧绷的肌肉和怒吼的表情，揭露"三座大山"给广大中国人民带来深重灾难，感染力强，暗示苦难的中国人民已经觉醒，挣脱枷锁，为争取人类解放、民族自由而斗争。

图 3 – 5　版画·郑野夫
《号召》①

图 3 – 6　版画·胡一川
《到前线去》②

　　注：新民主主义革命时期的版画具有战斗性特征，描绘抗日战争场面，成为团结大众、消灭敌人的有力武器。

① 吕澎：《20世纪中国艺术史》，北京大学出版社2006年版，第313页。
② 同上书，第318页。

第二节　社会主义建设时期以"建设"为题材的政治宣传画创作及育人功能

社会主义建设时期政治宣传画的育人功能，是指从新中国成立到改革开放前夕政治宣传画的育人功能。这一时期可以分为三个阶段：过渡阶段、发展阶段、曲折阶段。从 1949 年新中国成立到 1956 年社会主义改造基本完成，这是新民主主义革命到社会主义革命的转变期。这一阶段的文化建设与经济建设政治建设一样，处在由新民主主义文化向社会主义文化的过渡阶段。党对文艺的领导和党的文艺方针政策，担负着过渡时期所特有的双重任务。从 1956 年社会主义改造基本完成到 1966 年"文化大革命"开始之前，是社会主义文化建设初步发展时期，是党的文艺政策重要的发展阶段。十年"文化大革命"是党对文艺工作领导的曲折时期。通过对社会主义革命和建设时期我们党对文艺领导的阶段性划分，可以发现，中华人民共和国成立后，"文艺为政治服务"随即跃升为国家的基本文艺方针，被纳入了中国共产党建国方略的实施和意识形态的建设之中，为我们党的具体政策和任务服务。由此，我们党通过美术作品向大众传播党的政治思想，向更加成熟的方向迈进。

一　背景和内容：社会主义建设时期及其作品呈现

（一）过渡阶段的政治宣传画创作及育人

社会主义过渡时期就是 1949 年 10 月中华人民共和国成立以后，到 1956 年对农业、手工业和资本主义工商业的改造完成。这一时期，新中国面临着人口众多、经济文化落后、各地区发展极不平衡等问题，那么如何实现好向社会主义过渡，巩固和建设好社会主义，是党和人民必须关注的问题，尤其在社会主义文化建设方面，如何更好地服务党的建设和满足人民大众的需要，必须认真地加以回答。关于什么是社会主义文化，毛泽东早在 1940 年《新民主主义论》中就指出："以社会主义为内容的国民文化必须是反映社会主义政治和经济的。"

可见，社会主义文化首先要服务于政治的、经济的要求，从事文化发展事业的工作者，更要承担起重任。例如，1949 年 7 月周恩来在第一届全国文代会上的政治报告中，要求广大文艺工作者应该歌颂支持三年人民战争的农民阶级，还应把工人阶级当作文艺创作的重要主题。"假如我们的各部门的文艺工作者都有全局的想法，能够和今天的建设联系起来，和我们的政治运动紧密结合起来，我们的工作就会发展很快。"[1] 郭沫若在总报告《为建设新中国的人民文艺而奋斗》中也提出：文艺工作者首先是"努力用文学艺术武器来加紧打倒帝国主义封建主义和官僚资本主义"和"建设新民主主义的人民共和国"，号召"一切反帝反封建反官僚资本主义的文学艺术工作者团结起来，为彻底完成新民主主义的政治斗争而奋斗！为彻底完成新民主主义的文化革命文艺革命而奋斗！"[2] 为了确保新中国的文艺创作适应新的政体需要和能够落实党所指定的方针政策，党建立了一套以政治为中心的文艺管理体制，形成了从中央到地方的艺术大统一局面，为此，各门类的艺术团体相继成立，如"中华全国美术工作者协会"的成立，该协会除了筹备各种展览外，还组织美术家进行各种主题类型的创作活动，提出"应有计划地分配创作任务，给以特定的主题，于指定的时间内完成任务"[3]。

1950 年至 1952 年这三年期间，美术工作者遵循文艺为社会主义服务、为工农兵服务的方针，创作了大量表现新中国的美术作品，有力地配合着新中国最初几年的历史任务。在过去的历史发展中，党带领人民进行新民主主义革命，并最终取得伟大胜利，建立了新中国，但在国内仍然存在国民党反动势力以及西方渗透的社会思潮，此时的中国主题性绘画成为宣传党的思想、进行思想政治教育的重要工具。这一时期讴歌党的光辉历史，激发人民建设祖国的高涨热情，成为中国主题性绘画创作的主旋律。当时抗美援朝反侵略是国家的头等大事，相继举办了抗美

---

[1] 周恩来：《在中华全国文学艺术工作者代表大会上的政治报告》，载《中华全国文学艺术工作者代表大会纪念文集》，新华书店 1950 年版，第 33 页。
[2] 郭沫若：《为建设新中国的人民文艺而奋斗》，载《中华全国文学艺术工作者代表大会纪念文集》，新华书店 1950 年版，第 38 页。
[3] 《关于为十月全国美展加紧创作的通告·第四项》，《人民美术》1950 年第 2 期。

援朝专题美术作品展览，作品具有思想性、战斗性和艺术性。同时，为了配合"三反""五反"运动，美术宣传队多角度地描绘了新中国的新生活、新气象、新人物以及新风俗，同时又重点组织创作了一批思想性、艺术性较好的连环画。这些艺术作品都较好地塑造了英雄形象，表现了革命斗争的故事，对于在现实生活中孕育新英雄人物的成长起到主要的教育作用。1953 年第二次文代会的政治报告，题名就叫《为总路线而奋斗的文艺工作者的任务》，重申文艺服从政治任务需要，认为"文艺创作离开了党和国家的政策，就是离开了党和国家的领导"①。在中国美术家协会第二次扩大会议上确定了协会的性质和宗旨："中国美术家协会，是以自己的艺术创作积极参加中国人民的革命斗争和建设事业的中国美术家的自愿组织。中国美术家协会拥护中国共产党的马克思列宁主义的文学艺术方针，认为美术应当为人民服务，美术家应当积极参加人民的斗争，紧密联系人民群众，采取社会主义现实主义的创作方法和批判方法，努力发展为人民所需要的美术工作，用学习和自我批判等方法不断地提高自己作品的思想水平和艺术水平。"1953 年抗美援朝战争结束，我国迎来了全力建设的历史机遇，同年 6 月 15 日中央召开了政治局会议，毛泽东同志正式提出了过渡时期的总路线和总任务。根据"总路线"的具体要求，在文艺领域，艺术家号召以表现巩固新生政权和建设社会主义为主要创作内容，由此，大量反映党的光辉历史和抗日斗争的现实主义题材作品涌现，如油画《抗美援朝》（见图 3 - 7）、《输血》《骑兵英雄邰喜德》《地道战》，中国画《和平解放北平》、杨之光的《一辈子第一回》等作品，表现了党的伟大发展和革命历程，以求弘扬党的信仰追求、革命信念和建设理想，调动起了人民群众的爱党情怀和建设热情。此类作品还有石鲁的中国画《转战陕北》（见图 3 - 8），这是由中国革命历史博物馆命题，来表现毛主席转战陕北而创作的作品。作者通过巧妙的构思，表现毛主席领导的工农红军即将迎来革命成功时的精神气概，作品获得了一致好评，起到良好的教育宣传作用。

---

① 周扬：《为创作更多的优秀的文学艺术作品而奋斗》，《文艺报》1953 年第 19 期。

图 3 - 7　油画·董希文《抗美援朝》①

图 3 - 8　中国画·石鲁《转战陕北》②

　　注：社会主义建设时期的美术作品，现实主义和写实主义"两结合"的创作模式，激发人民爱国情怀，投身国家建设。

---

　　① 董希文：《开国大典》，2014 年 12 月，嘻嘻网（http://www.xixik.com/content/862b277b5121ee64）。

　　② 吕澎：《20 世纪中国艺术史》，北京大学出版社 2006 年版，第 570 页。

（二）发展阶段的政治宣传画创作及育人

1956 年社会主义改造基本完成，生产资料所有制问题基本解决，我国社会进入社会主义建设时期。毛泽东在七届二中全会上指出，"随经济建设的高潮的到来，不可避免地将出现一个文化建设的高潮"。为推进社会主义文化事业的发展，毛泽东 1956 年 4 月在中央政治局扩大会议上提出："艺术问题上百花齐放，学术问题上百家争鸣，这是一个基本性、也是长期性的方针，不是一个暂时性的方针"，"百花齐放、百家争鸣，应该成为我国发展科学、繁荣文学艺术的方针"。1958 年《美术》第 1 期发表《与工农结合——革命美术家的必由之路》一文指出："艺术创作事业是我们社会主义文化事业的一个部分。美术为社会主义服务的意义，就是要通过视觉的艺术形象来传播社会主义时代的生活的美，用艺术形象来反映建设社会主义的广大群众的生活、思想、感情，并鼓舞人民向生活前进。这一时期美术工作者的任务，不仅要具备表现生活的技术手段，而且要有认识生活的政治头脑，要有辨别生活现象和发挥艺术技巧的思想能力，从而才有可能发现生活中的美和表现生活中的美，才有可能在社会主义的思想基础上发挥艺术的创造。"[①] 这一时期中国主题性绘画始终围绕为社会主义建设服务而创作，以表现大跃进精神状态为主要内容，鼓舞人心，通过美术作品激励广大人民为社会主义建设而奋斗，此时的年画、连环画成为党通过艺术领域宣传思想政治工作最主要工具。以全国美展为例，其对参展作品均有明确的主题要求，作品以国家重大节日或者重要事件为创作出发点，歌颂英雄人物或者描绘祖国新面貌，比如 1959 年的"庆祝建国十周年全国美术展览会"对作品的题材内容有如下的规定：（1）反映我国国防建设，保卫祖国保卫世界和平的作品，如董希文的油画作品《春到西藏》；（2）反映祖国工业、农业新面貌的风俗画作品，如石鲁的年画作品《幸福婚姻》（见图 3-9）、金梅生的年画《菜绿瓜肥产量高》，如版画作品《增产钢铁，实现社会主义工业化》；（3）反映十年来重大政治运动，具体以土改、抗美援朝、三反五反、三大改造、整风运动、反右派斗

---

① 《美术》编辑部：《与工农结合——革命美术家的必由之路》，《美术》1958 年第 1 期。

争、人民公社运动、技术革命和文化革命等为创作题材的作品，如政治宣传画《劳动人民一定要做文化的主人》（见图 3 - 10）、《劳动人民一定要做自然的主人》、刘文西的中国画作品《祖孙四代》、李琦的中国画作品《主席走遍全国》等；（4）受苏联社会主义现实主义创作的影响，歌颂中苏友好团结，歌颂社会主义阵营的强大和团结，反映全世界爱好和平的人民反对帝国主义、反对殖民主义斗争的作品，如靳尚谊的油画作品《毛主席和亚非拉人民在一起》等；（5）表现党在革命战争时期，为民族独立、人民解放而英勇奋战为创作内容的革命历史题材作品，如董希文的《开国大典》、詹建俊的《狼牙山五壮士》、靳尚谊的

图 3 - 9　年画·石鲁《幸福婚姻》①

----

① 吕澎：《20 世纪中国艺术史》，北京大学出版社 2006 年版，第 438 页。

图3-10 宣传画《劳动人民一定要做文化的主人》①

注：社会主义建设时期的美术作品，以"大跃进"精神为内容，鼓舞人心，激励人民"多快好省"地建设社会主义国家。

《十二月会议》、黎冰鸿的《南昌起义》等。在教育广大群众、建立良好的社会风尚、培育社会主义新人方面，发挥了不可替代的作用。代表作如李可染的中国画作品《万山红遍，层林尽染》，他将传统的自然环境和"新社会"人民建设国家的美好愿景结合在一起，作品全幅通红，为扩大画面红色面积，作者改变传统创作手法，用朱砂代替传统墨色，

---

① 吕澎：《20世纪中国艺术史》，北京大学出版社2006年版，第451页。

豁然凸显出红色的革命气象，蕴含着人民群众热爱祖国、建设家园的革命热情和革命精神。

（三）探索阶段的政治宣传画创作及育人

探索阶段主要是指 1966—1976 年的"文化大革命"时期，以政治统率艺术，由此产生了"文化大革命"美术，政治标准被极端强调是这一阶段中国主题性绘画最鲜明的特征。艺术家曾经推崇的革命的现实主义与革命的浪漫主义两相结合的艺术创作思想，被江青推出的样板戏的舞台效果所取代——强烈的逆光、大面积的红色或者暖色、显示力量和革命情绪的造型以及工农兵形象对中心人物的环绕——成为新的艺术标准。出现了"高、大、全"与"红、光、亮"的美学特征，不仅美术创作内容符合政治要求，而且美术展览成了更大的政治行为，甚至成为政治运动的组成部分。中共中央华北局宣传部副部长梁寒冰在"华北区 1966 年年画版画展览"观摩会上作了题为《高举毛泽东思想红旗，画出我们时代最新最美的图画》的报告，在这个报告中，梁寒冰提出"要画革命画，先做革命人。要画最新最美的图画，首先要求我们的美术工作者要具有革命的思想和革命的感情"。"美术工作者应当正确处理艺术与政治的关系，要在自己的工作中突出政治。无产阶级的美术家应当首先是无产阶级革命家。我们的美术工作者是掌握革命的美术武器，向敌人进行战斗的展示，又是用革命的美术工具，去教育人民的政治思想工作者。不能设想一个人满脑子个人主义，目光短浅的人就能够画出反映我们伟大时代、能够用无产阶级的思想去感染人、教育人的好作品来。所以美术工作者自己首先要受教育，认真学习毛主席的著作，用毛泽东思想来进行自我改造。"① 由此可见，"文化大革命"时期的中国主题性绘画的政治含量空前提高，其造型、动态、色彩甚至题材领域都超越了"十七年美术"②。

---

① 梁寒冰：《高举毛泽东思想红旗，画出我们时代最新最美的图画》，《美术》1966 年第 1 期。

② 又叫建国十七年美术，就是指 1949 年后出现的美术探索，主要指"民族化与大众化"风格，文艺界贯彻这一方针，局面活跃，加快了中国美术民族化与大众化的进程。

二　特征：过渡性、曲折性和泛革命性

在社会主义建设时期的政治宣传画的思想政治教育功能发挥，受时代影响和党的路线、方针、政策的变化，呈现出过渡性特征、曲折性特征和泛革命性特征，彰显出为社会主义建设服务的价值意义。

1. 社会主义建设时期政治宣传画的思想政治教育育人功能具有过渡性特征，助推社会主义改造

一方面，在外部环境上，中华人民共和国成立之初，党和国家的根本任务是由新民主主义向社会主义过渡。从 1949 年新中国成立到 1956 年社会主义改造基本完成，这是从新民主主义革命到社会主义革命的转变时期，在经济上，对原有的农业、手工业和资本主义工商业的私有经济进行社会主义改造。这些转变都需要一个循序渐进的过程，带有明显的过渡性。另一方面，在文化建设上，与经济建设、政治建设一样，处在由新民主主义文化向社会主义文化的过渡阶段，党对文艺的引导和党的文艺方针政策，担负着过渡时期所特有的双重任务。在中国主题性绘画的思想政治教育功能发挥上，受苏联"社会主义现实主义"创作手法的影响，成为宣扬党性、进行思想政治教育的重要工具。但随着党的执政地位的加强，出现向"两结合"创作模式过渡的趋势，因此过渡性的基本特征更加明显。以向"两结合"的创作模式过渡为例，1958年 3 月的成都会议上，毛泽东告诫党内同志，"硬搬苏联的规章制度就是缺乏独创精神"。同年 5 月，毛泽东在八大二次会议上进一步表述了这一思想，无产阶级的文学艺术应该从照搬苏联模式过渡到"两结合"创作模式，即革命的现实主义与革命浪漫主义相结合，如代表作品《红军不怕远征难》《古城之春》《红军过雪山》等，是社会主义建设时期文艺工作者的集体创作手法。综上所述，社会主义建设时期的中国主题性绘画所展现出的思想政治教育功能因其时代背景而暗含了过渡性的特征，助推社会主义改造和社会主义建设。

2. 社会主义建设时期政治宣传画的思想政治教育育人功能具有曲折性特征

在社会主义建设时期，党在文艺工作的指导和文艺方针政策的

制定中，将作品的政治意义空前提高，使得中国主题性绘画育人功能的发挥呈现曲折的特征。"这一时期，'历史的真实'就是画家被告知认定的真实，画家一开始就应该有思想准备，这个真实是随着政治斗争的变化不断改变的。"① 在建国初期 1949 年到 1956 年，国内的环境相对宽松，党规定了统一的文艺创作方法，即苏联提出的社会主义创作方法，加之毛泽东同志提出"双百"方针，促进了主题性创作进入第一个高峰。到 50 年代后期，党提出"两结合"的创作模式，"艺术家甚至不再指导画笔的思想，因为他们事先无法确定党内政治斗争的复杂性和变异。革命现象与革命精神给予了艺术家表现的空间，在这个空间里，现象的真实细节被否定"②。例如罗工柳的《地道战》中作者选择了准备战斗的场面，使静穆的环境包含了一种紧张的气氛，以有限的空间展开画面的主题。画面中的人物安排紧凑而有张力，如刚从地道内探出的妇女，往房顶转移兵器的青年人，以及向房外瞭望的持枪人，都扩展了画面的有限空间，另外画面被设置在一个明亮的环境里，和真实的地道阴暗潮湿明显不同，将革命现实主义与浪漫主义巧妙地结合在了一起，恰当地表现了冀中平原军民以特殊的抗日方式和敌人战斗的场景。十年"文化大革命"是党对文艺工作领导的曲折时期，在实践中积累了丰富的经验，如"文化大革命"美术中的"三突出"创作方法，即所有人物中突出正面人物、在正面人物中突出英雄人物、在英雄人物中突出主要英雄人物。在这样的创作原则指导下，大量以革命的现实主义和革命的浪漫主义相结合的方法创作的"三突出"美术作品迅速产生，其中最典型的也是最具有影响力的就是 1967 年 10 月刘春华创作的油画《毛泽东去安源》，作品的政治意义被推上了"革命绘画样板"的地位。由此可见中国主题性绘画创作方向在政治要求的曲折发展中呈现出不同的创作方法，这些创作方法与毛泽东在《讲话》中所说的文艺工作者"要站在无产阶级和人民大众的立场"，被进一

---

① 吕澎：《20 世纪中国艺术史》，北京大学出版社 2006 年版，第 497 页。
② 同上书，第 505 页。

步标准化和模式化。

3. 社会主义建设时期的政治宣传画的思想政治教育育人功能具有泛革命性特征，反映革命至上的思想

在中华人民共和国成立之初，美术工作者践行着"文艺为政治服务"的思想。这是1942年毛泽东《在延安文艺座谈会上的讲话》中提出的"文艺是从属于政治的，是服从党在一定革命时期内所规定的革命任务的"。显然，在社会主义建设时期，中国主题性绘画在20世纪上半叶抗日民族解放事业和宣传革命历史、普及革命任务中发挥了不可替代作用。"文化大革命"时期以阶级斗争为纲的指导思想，使中国主题性绘画创作的思想已经脱离了简单的"革命化"转向"泛革命化"发展趋势。一方面，社会中的任何事件、任何人物都被戴上"革命"的帽子，其思想政治教育目的也是给当时阶级斗争培养"革命"力量，所有的作品集中地表现了"高、大、全"和"红、光、亮"的"泛革命化"模式。从巨幅油画到小型连环画，每一件作品，都在歌颂战无不胜的毛泽东思想。另一方面，创作内容是为社会主义服务和工农兵服务，不仅是社会主义探索时期对美术创作的规范与要求，同时也是美术工作者进行自我思想改造，加强与人民群众血肉联系的自觉行动。既体现革命美术发展到新阶段的新特点与新要求，同时又被进一步推进和强化，使得中国主题性绘画的思想政治教育具有泛革命化的育人倾向。如美术大字报作品《抓批林批孔，促煤炭生产》《大批促大干》《狠批中国现代的孔子——林彪》《处处岗哨》（见图3－11）、《千秋功罪，我们评说》（见图3－12）等，可见社会主义探索时期中国主题性绘画的思想政治教育育人功能带有泛革命化的基本特征，过于强调革命的指导意义，并将革命事业全民化，表现出革命至上的思想观念。

图 3 – 11　中国画·戴明德《处处岗哨》①

图 3 – 12　中国画·侯杰《千秋功罪，我们评说》②

　　注：社会主义建设时期的美术作品具有泛革命性特征，以阶级斗争和政治斗争为纲，宣传革命斗争全民化。

---

　　①　吕澎：《20 世纪中国艺术史》，北京大学出版社 2006 年版，第 628 页。
　　②　同上书，第 637 页。

第三节　改革开放时期以"改革开放"为题材的中国主题性绘画创作及育人功能

　　1978 年，党的十一届三中全会的胜利召开，确立了以经济建设为中心的总路线和改革开放的总方针，我国社会主义建设进入了新的历史时期。这一时期，根据实事求是的原则，解放思想，拨乱反正，大力发展生产力，重新调整社会生产力与生产关系，无论是政治、经济，还是文化建设，开始进入了一个全面发展的新时期。中国主题性绘画的思想政治教育育人功能的发挥伴随着国家政治、经济、文化的发展大致经历了探索发展、繁荣发展和创新发展三个阶段。第一阶段，从 1976 年 10 月一举粉碎"四人帮"，到 1979 年全国第四次文艺工作者代表大会的召开，党经过真理标准大讨论，确立党的十一届三中全会路线，实现了思想文化领域的拨乱反正，从 1979 年邓小平在全国第四次文代会上祝词的发表，到 1992 年党的十四大召开，社会主义文艺事业的发展，在新形势下出现了一些新情况、新问题，党在社会主义文艺实践中艰苦探索，不断发展和调整党的文艺方针政策，初步形成了一条建设有中国特色社会主义的文艺路线；第二阶段，党的十四大以来，在以江泽民同志为核心的第三代党中央集体的领导下，继续以毛泽东和邓小平的文艺思想为指导，在改革开放和繁荣社会主义文艺的实践中，为中国主题性绘画育人功能的发挥提供了理论指导；第三阶段，进入新时代以来，坚持在以习近平总书记为核心的党中央集体的领导下，遵循毛泽东文艺思想，适应新的形势和任务，建设中国特色社会主义文艺，进一步开拓创新发展。习近平总书记在 2014 年《在文艺工作座谈会上的讲话》和 2016 年《在中国文联十大、中国作协九大的讲话》中，都给文艺的创作发展提供了精神指引。因此，中国主题性绘画伴随着改革开放新时期国家文艺事业的繁荣发展，以崭新的面貌承担着弘扬改革开放精神、助力社会主义现代化建设的重大使命，并以艺术视角、审美笔触，抒写新时代实现伟大中国梦的发展之路。

一 背景和内容：改革开放时期及其作品呈现

1. 探索发展阶段的中国主题性绘画创作及育人

"文化大革命"结束后，1978 年 5 月在邓小平等中央领导同志的支持下，开展关于"真理标准"大讨论，人民的思想得到解放，实事求是的思想路线得到恢复。1978 年 12 月，党的十一届三中全会召开，批评"两个凡是"，停止以"阶级斗争为纲"的口号，恢复到"以经济建设为中心"的总路线上来，实现了党在思想路线上的拨乱反正。1979 年 5 月，中央撤销了《部队文艺工作座谈会纪要》，为实现党对文艺工作领导方针政策的拨乱反正奠定了政治基础。1979 年，邓小平在全国第四次文代会上祝词，对中华人民共和国成立三十年来党领导文艺工作正反两方面进行经验总结，重申"要继续坚持毛泽东同志提出的文艺为最广大的人民群众、首先为工农兵服务的方向，坚持百花齐放、推陈出新、洋为中用、古为今用的方针，在艺术创作上提倡不同形式和风格的自由发展，在艺术理论上提倡不同观点和学派的自由讨论"①。"党对文艺工作的领导，不是发号施令，不是要求文学艺术从属于临时的、具体的、直接的政治任务，而是根据文学艺术的特征和发展规律，帮助文艺工作者获得条件来不断繁荣文学艺术事业，提高文学艺术水平，创作出无愧于我们伟大人民、伟大时代的优秀的文学艺术作品和表演艺术成果。"② 1980 年 7 月《人民日报》发表了题为《文艺为人民服务，为社会主义服务》的重要社论，"我们的文艺工作的总的口号应该是：文艺为人民服务，为社会主义服务"，"作为学术问题，如何科学地阐述文艺与政治的关系，人们完全可以自由展开讨论。作为政策，党要求文艺事业不要脱离政治，坚持正确的政治方向。但并不要求一切文艺作品只能反映一定的阶级斗争，只能为一定的政治斗争服务"。1981 年 1 月，中共中央做出《关于当前报刊新闻广播宣传方针的决定》，指出"报刊的文艺作品或评论，广播、电视的文艺节目，有重大的社会影响。一定

① 《邓小平文选》（第 2 卷），人民出版社 1994 年版，第 207 页。
② 同上书，第 214 页。

要坚持为人民服务，为社会主义服务的方向，正确贯彻执行百花齐放、百家争鸣的方针"。"要在马克思列宁主义、毛泽东思想指导下，加强文艺评论工作，对鼓吹错误思潮的作品进行实事求是的批评。"① 1983年10月，邓小平在党的十二届二中全会上发表了《党在组织战线和思想战线的迫切任务》，指出"思想战线不能搞精神污染"，明确提出了"属于文化领域的东西，一定要用马克思主义对它们的思想内容和表现方法进行分析、鉴别和批判"② 的政策主张。1992年邓小平南方谈话标志着有中国特色社会主义理论走过了艰难的探索时期。总之，在改革开放以来我国文艺创作的探索发展阶段，是以邓小平在文艺方面关于文艺队伍建设的论述和关于加强和改进党对文艺工作的领导等论述作为指导思想和基本内容的。

2. 繁荣发展阶段的中国主题性绘画创作及育人

党的十一届三中全会以后，中国共产党认真总结正反两方面的经验教训，吸取"文化大革命"的教训，吸取其他国家特别是苏联、东欧等社会主义国家的经验教训，开始探索建设中国特色社会主义的道路。江泽民同志在党的十四大报告中指出："以邓小平同志的谈话和今年三月中央政治局全体会议为标志，我国改革开放和现代化建设事业进入了一个新的阶段。"③ 这以后，党对社会主义文艺的领导进入繁荣发展的新阶段。党的十四大以来，以江泽民同志为核心的第三代中央领导集体，继续以邓小平文艺思想为指导，在繁荣社会主义文艺的实践中，进一步丰富和发展了党在改革开放时期的文艺创作。

早在1992年10月，江泽民同志发表了《加快改革开放和现代化建设步伐，夺取有中国特色社会主义事业的更大胜利》，把文艺工作作为精神文明建设的重要内容，明确提出要"坚持'为人民服务，为社会主义服务'的方向和'百花齐放、百家争鸣'的方针。积极推进文化体制改革，完善文化事业的有关经济政策，繁荣社会主义文化。要重视社会效益，鼓励创作内容健康向上特别是讴歌改革开放和现代化建设具

---

① 《三中全会以来重要文献选编（下）》，人民出版社1982年版，第683页。
② 《邓小平文选》（第3卷），人民出版社1993年版，第214页。
③ 《十四大以来重要文献选编（上）》，人民出版社1996年版，第9页。

有艺术魅力的精神产品。加强新闻、出版、广播、电视和文学艺术等方面的工作"①。1994年1月，江泽民同志在全国宣传思想工作会议上指出："我们的宣传思想工作，必须以科学的理论武装人，以正确的舆论引导人，以高尚的精神塑造人，以优秀的作品鼓舞人。"并且强调弘扬主旋律是发展宣传文化事业、繁荣社会主义文化市场的重要体现。1996年1月，江泽民同志在《宣传思想战线的主要任务》中，"关于以优秀的作品鼓舞人"的问题上强调指出："没有优秀作品，就没有正确导向。优秀作品是一个国家、一个时代精神文化水平的集中反映，对精神产品具有重要影响和示范作用。"②围绕优秀作品，江泽民论述了树立正确的创作思想，一手抓繁荣、另一手抓管理，处理好社会效益与经济效益的关系等问题，对多出优秀作品，满足人民群众精神文化生活具有重要的指导意义。在第六次全国文代会和第五次全国作代会上，江泽民同志发表了《发展和繁荣社会主义文艺》的重要讲话，讲话科学地总结了我国社会主义文艺发展实践过程中的经验教训，明确了党对文艺以及文艺工作者的基本要求。讲话是继毛泽东《在延安文艺座谈会上的讲话》、邓小平同志《在中国文学艺术工作者第四次代表大会上的祝词》之后，党的文艺方针政策的第三座丰碑。

面对当今世界大发展大变革大调整的复杂局势，以及中国特色社会主义事业的蓬勃发展，胡锦涛就有关文艺繁荣发展问题提出要坚持锐意创新。2006年11月，胡锦涛在中国文联第八次全国代表大会和中国作协第七次全国代表大会上的讲话中强调："只有坚持解放思想、实事求是、与时俱进，大力推进文艺体裁、题材、形式、手段的充分发展，才能创作出更多具有中国特色、中国风格、中国气派的优秀作品，不断增强文艺的时代感和吸引力。"文艺需要新鲜的血液，需要在继承中发展，在发展中实现创新，并真正处理好继承与创新的关系。胡锦涛强调"正确处理继承与创新的关系，大力弘扬中华民族的优秀文化传统和五四运动以来形成的革命文化传统，积极学习和借鉴世界各国人民创造的一切

---

① 《十四大以来重要文献选编（上）》，人民出版社1996年版，第9页。
② 《十四大以来重要文献选编（中）》，人民出版社1997年版，第1677页。

文明成果"。这是胡锦涛文艺创新论述的一个鲜明特征。关于文艺坚持以人为本，把人民满意作为最高标准方面，胡锦涛鲜明地指出："广大文艺工作者要把人民满意作为最高标准，把服务群众作为基点和归宿。"要求广大文艺工作者一定要坚持以人为本，牢固树立人民群众是历史创造者的历史唯物主义观点，培养和增进对人民群众的感情，坚持以人民为表现对象。

3. 创新发展阶段的中国主题性绘画创作及育人

党的十八大以来，中国特色社会主义进入新时代。作为新时代的领路人，习近平总书记的文艺时代观在他的文艺思想上打下了鲜明的印迹。总书记在文艺工作座谈会上的讲话，开篇就明确谈到"为什么要高度重视文艺和文艺工作？这个问题，首先要放在我国和世界发展大势中来审视"。文化是一个国家的软实力，不仅是本国本民族的象征，更是在风云激荡的国际环境中的价值身份，所以文艺工作只有符合时代的潮流与世界发展的大势，才能更好地彰显自身的价值意义。习近平总书记在中国文联十大、中国作协九大开幕式上的讲话中，也重申了召开文艺工作座谈会，同文艺工作者进行交流，是为了进一步明确"新形势下繁荣发展社会主义文艺的方向和任务"。由此可见，习近平总书记的文艺思想不仅是在"新形势下"产生的，而且是对我国新时代文艺创作和文艺理论的创新发展。

习近平总书记对新时代文艺创作和文艺理论面临问题进行了系列论述。譬如，他认为中国特色社会主义文艺学体系构建面临一些尚未解决的难题，学界对中国特色社会主义文艺学的核心范畴、基本概念的理解上还需要深化探索；总书记反复强调要增强文化自信和理论自信，反对"以洋为尊""以洋为美""唯洋是从"，反对总是"跟在别人后面亦步亦趋、东施效颦"；再如，反对在创作上"热衷于'去思想化''去价值化''去历史化''去中国化''去主流化'那一套"，那样做是"绝对没有前途的"①。此外，关于文艺理论批评的作用总书记也予以强调，

---

① 习近平：《在文艺工作座谈会上的重要讲话》，《人民日报》2015 年 10 月 15 日第 1 版。

认为文艺批评要的就是批评，不能都是表扬或者庸俗吹捧，文艺批评褒贬甄别功能弱化，缺乏战斗力、说服力，不利于文艺功能的发挥。习近平总书记关于文艺思想的系列讲话是当代中国化马克思主义文艺理论的新形态，拓展了我国走向文艺现代化的途径，是着眼于21世纪中国化马克思主义文艺思想建设的新成果。新时代习近平文艺思想是马克思主义文艺理论的引进和被不断中国化的过程，更是中国化的马克思主义文艺理论"走出去"的国际化进程。

进入新时代以来，文艺育人的创新发展，一方面体现在党和国家高度重视文艺的精神引领作用，如2018年8月习近平总书记给中央美术学院八位老教授回信中强调："美术教育是美育的重要组成部分，对塑造美好心灵具有重要作用。加强美育工作，扎根时代生活，尊重文艺规律，弘扬中华美育精神，让祖国青年一代身心健康成长。"同时高校是开展美术教育工作的重要场域，更有利于创作优秀的、有影响力的艺术作品潜移默化地影响到学生，通过美育让年轻的学生懂得美、陶冶心灵，是立德树人的基本要求，从而使学生得到全面发展。再如2017年2月中共中央、国务院印发了《关于加强和改进新形势下高校思想政治工作的意见》，号召广大思想政治工作者"开展丰富多彩、积极向上的学术、科技、体育、艺术和娱乐活动，把德育与智育、体育、美育有机结合起来，寓教育于文化活动之中"。另一方面，文艺创作在国家政策和资金上都予以支持和鼓励，如设立国家艺术基金等荣典制度，还积极借用新媒体的宣传优势对其全方位、多层次、多角度地正面报道，都成为中国主题性绘画创作和发展的重要助推力。由此创作出了一大批优秀的红色美术作品，例如刑庆仁的《玫瑰色的回忆》是一幅以女兵为主题的绘画作品，使人联想到毛泽东的诗词："中华儿女多奇志，不爱红装爱武装。"作品弘扬"主旋律"，体现民族意志和国家认同的主流价值观。综合来看，改革开放以来的中国主题性绘画在内容方面发生了明显变化，呈多元化发展趋势，包括以下内容。

首先，改革开放以来的中国主题性绘画以反映党和国家革命和建设的主要成就，再现时代发展重大事件、弘扬时代之精神的题材为主要内容。中国主题性绘画的根本目的在于宣传国家意识形态、弘扬主流价值观，因此在题材选择方面以党和国家革命与建设的历史重大题材为主要创作内容，讲好中国故事，成为新时期中国主题性绘画的重要组成部分。例如第九届全国美展中，高庆荣的《圆梦天宫》（见图3－13）表现了中国航天事业迈入新时代这一激动人心的主题性油画创作，作品也极大地反映了党和国家强国梦和航天梦的逐步实现；由艾民有、张庆涛创作的《检阅》，表现了国家和军队领导对新时代海军的检阅；再如表现重大事件如大自然灾害中的洪水、地震等的作品，也都展现在大灾大难面前中华儿女众志成城、不屈不挠的民族团结精神。如1998年，中国南方遭遇了特大洪灾，中国军民众志成城，抗洪抢险，战胜天灾，谱写民族团结的时代华章。甘长霖的油画作品《洪流滚滚》和袁武的中

图3－13　油画·高庆荣《圆梦天宫》①

---

①　高庆荣：《圆梦天宫》，2017年1月，百度网（http：//p2. qhimg. com/t01dfb11f148ff83f28. jpg? size＝960x1184）。

国画作品《九八纪事》（见图3-14），打上了鲜明的时代烙印。纵观新时期中国主题性绘画的发展，在艺术表现上无论国家发展的辉煌成就，还是中华民族团结奋进的优秀品质，都占有很大比重，也是中国主题性绘画创作最为契合的题材内容和价值选择。

图3-14 中国画·袁武《九八纪事》①

注：新时期中国主题性绘画以国家重大历史事件为题材，唱响爱国主旋律，表现国家繁荣发展新面貌，增强民族自信心和自豪感。

---

① 《第九届全国美术作品展览·中国画作品集》，人民美术出版社1999年版。

其次，改革开放以来的中国主题性绘画以集体创作的生产模式，体现民族意志和国家认同。"中国当代的红色美术创作中，另一种重要的发展趋势当属集体创作的叙事模式。"① 美术工作者在创作大型美术展览或者纪念性活动作品时，在短期内无法独立承担长篇史诗巨作，需要集体协作完成，例如第九届全国美展中的于长江、江陈嵘、钱宗飞、吴涛毅集体创作的中国画《民兵史话长卷》（见图 3 – 15），该巨幅作品正是运用重复叠加的艺术手法造就了视觉上的宏伟气势，翔实地记录了民兵劳作的恢宏场面。新时期由艺术家协同创作、表现集体意志的还有连

图 3 – 15　中国画·于长江等《民兵史话长卷》②

① 赵成清：《新时期中国红色美术作品的历史书写与审美构建》，《文艺争鸣》2018 年第 3 期。

② 《第九届全国美术作品展览·中国画作品集》，人民美术出版社 1999 年版。

图 3 - 16　连环画·王东明等《至诚报国·黄大年》①

注：新时期中国主题性绘画以重温红色革命经典以及讴歌当下典型人物的英雄事迹为题材，以集体创作的模式来表现宏大场面，具有极强的视觉冲击力和震撼力。

环画作品《至诚报国·黄大年》（见图 3 - 16），由王东明、段吉闻、吉利集体完成，用连环画形式展现黄大年光辉而短暂的一生。作者选用极具中国特色且能引起读者共鸣的中国画传统线描来表现绘本，对人物形象技巧刻画则更是细致入微。身为吉林大学教授、著名地球物理学家、国家"千人计划"专家的黄大年，放弃国外优越的待遇，毅然回国潜心科技的研发，作品形象地诠释了黄大年通过科研表达他对祖国的热爱。连环画作品《至诚报国·黄大年》是他光辉而短暂的一生最直观生动的诠释，也实实在在地影响了千千万万的人民。综上所述，集体

---

① 王东明等绘：《至诚报国·黄大年》，吉林出版集团股份有限公司 2017 年版。

创作红色美术作品，在新时代中国主题性绘画创作中是一种重要的艺术创作模式和集体性的艺术风格，它体现了民族意识和国家认同，也彰显了社会主义理想。

二　特征：多样性、系统性和人本性

改革开放以来，中国主题性绘画创作迎来了自由发展的新时期。中国主题性绘画的思想政治教育功能在类型构成上具有多样性，在题材选择上具有系统性，在价值宣传上具有人本性，共同发挥着改革开放以来中国主题性绘画的思想政治教育育人功能。

1. 改革开放以来的中国主题性绘画的思想政治教育育人功能具有多样性特征

邓小平就文艺弘扬主旋律，提倡多样性中提出："我国历史悠久，地域辽阔，人口众多，不同民族、不同职业、不同年龄、不同经历和不同教育的人们，有多样的生活习俗、文化传统和艺术爱好。"[1] 进入改革开放新时期以来的中国主题性绘画肩负着传达主流意识形态的责任与使命，无论是受众对象、风格样式、精神理念还是功能指向都和以往不同，一方面，中国主题性绘画突破了以往"纯英雄主义"的题材，引入更多亲民因子与时代精神元素，同时紧跟国家、社会发展中的重大事件和普通群众生活中的大事小情，形成了题材上和功能发挥上的多样性特征，满足了不同观众的审美需求；另一方面，中国主题性绘画在新时代的市场经济多元化的社会语境下，与市场经济相接轨，在文化与商业之间谋求发展，在教育性与艺术性上相结合，满足了各个社会阶层的精神文化需求，坚持全员全过程全方位育人，从而实现社会效益和经济效益共赢。例如 2012 年保利春拍，李可染的中国画作品《万山红遍》（见图3-17），估价2.8亿元，以2.93亿元成交，成为中国拍卖历史上估价最高的单品。《万山红遍》是中国画坛的经典之作，是 20 世纪 60 年代李可染先生根据毛泽东诗词《沁园春·长沙》中"万山红遍，层林尽染"的诗词创作。这样一幅作品之所以天价成交，一方面反映出红

---

① 《邓小平文选》（第3卷），人民出版社1994年版，第108页。

色题材备受大众欢迎，另一方面高超的艺术风格和表现技法，以及丰满的内容和鲜明主题，在视觉上吸引大众，更好地实现其教育意义，同时激起收藏家的兴趣和投资者的欲望，在实现社会效益中兼顾经济效益。由此可见，新时期的中国主题性绘画在题材和内容上整合了多重价值元素，形成了多样化的创作趋势和教育模式，从而使中国主题性绘画的育人功能带有多样性的基本特征。

图 3 - 17　中国画·李可染《万山红遍》①

注：新时期的中国主题性绘画进入文艺市场，其鲜明的主题创作和精湛的艺术手法，更容易实现社会效益和经济效益"双赢"，更具有中国主题性绘画的思想政治教育育人功能的多样性特征。

---

① 吕澎：《20 世纪中国艺术史》，北京大学出版社 2006 年版，第 565 页。

2. 改革开放以来的中国主题性绘画的思想政治教育育人功能具有系统性特征

改革开放新时期，我们的民族正处于走向社会主义现代化、全面建设小康社会的历史进程中，人民的生活方式、文化心理和思维定式发生了巨大变化，这就要求中国主题性绘画创作也要与之相适应，充分反映新时期社会主义的时代风貌和精神特质。从前文来看，中国主题性绘画历经不同历史时期，呈现不同的育人特征，而新时期的中国主题性绘画在传播主流意识形态和育人理念上更加系统，一方面，在创作内容上更加系统完善，如讴歌党为争取国家独立和民族解放而英勇斗争的军事题材，展现新时期各族人民美好生活的民族题材，表现社会主义新农村人民精神面貌的农村题材，反映人民当下城市生活的都市题材等，这些不同的题材类型，共同构成了新时期中国主题性绘画新的类型体系，这些中国主题性绘画创作满足了新时期人民不同阶层的精神文化需求，这些以弘扬共产主义精神和爱国主义、集体主义、英雄主义为突出主题的绘画创作，其育人内容上不再具有针对性和单一性，而是"全员性、全方位"进行系统性育人。李琦在论述社会主义美术的主旋律时分析道："我国主旋律作品应表现人民革命斗争的光辉历程；表现社会主义建设的光辉业绩；塑造人民功臣和社会主义新人；弘扬爱国主义精神；歌颂祖国大好河山；表现时代精神、使人振奋、激发人民为社会主义、共产主义事业而奋斗的热情。"另一方面，在新时期主题性艺术创作与时代生活关系的问题上，需要系统地阐释。习近平总书记的文艺思想从马克思的矛盾观点出发，既强调了人民生活是艺术创作的源泉，要扎根于群众的现实生活，紧跟时代潮流，又强调为何艺术创作"都必须从最真实的生活出发"，"深刻提炼生活，生动表达生活，全景展现生活"，既强调文艺工作者要做生活和人民的学生，又要求文艺工作者成为时代风气的先觉者、先行者、先倡者，创作具有信仰美、崇高美的艺术作品，发挥价值引领、情感陶冶和审美启迪的作用。

3. 改革开放以来的中国主题性绘画的思想政治教育育人功能具有人本性特征

从中国主题性绘画的发展历程来看，新民主主义革命时期，党和国家面临内忧外患的混乱局面，运用生动形象、通俗易懂的艺术形式进行宣传教育，把党的思想用"革命画"的形式传送到广大人民群众的头脑中去，美术作品通过艺术形式再现国家危难时刻人民团结一致，建立革命统一战线，具有战斗性和单一性特征；社会主义建设时期的中国主题性绘画创作必须服从于社会主义建设，要在美术工作中贯彻无产阶级革命精神，例如"两结合"的创作模式和"三突出"的创作内容，虽然都是以工农兵为创作对象，但在精神内涵上具有"泛革命性"特征；新时期的中国主题性绘画则强调对人的重塑，坚持以人为本，扎根现实生活的创作理念。在文艺创作和人民关系的问题上，习近平总书记强调在坚持马克思主义文艺理论的基础之上，艺术创作应该坚持表达人民生活，反映主流文化和紧扣时代主题为育人理念。如在新的时代背景下"社会主义文艺是人民的文艺，必须坚持以人民为中心的创作导向，在深入生活，扎根人民中进行无愧于时代的文艺创造"①。同时习近平总书记还强调，艺术创作必须把握社会主要矛盾的变化，在坚守为人民群众服务的价值取向前提下，紧紧围绕人民日益增长的美好生活需要，努力创作和提供更多更好的精神食粮。更加强调要把"为人民服务"的艺术创作理念提高到坚持以马克思主义为指导思想的"核心"的高度，提高到文艺工作者"天职"的高度和决定文艺发展的前途命运的高度上来，这就把文艺创作的方向和育人理念联系起来，达到内外统一呼应。例如，十二届全国中国画作品金奖《儿女情长》（见图 3 - 18），把生活中的场景概括综合。作品拨动了大家心中最柔软的离乡之情，刚刚归来未来得及收拾的皮箱，儿子聚精会神地阅读报纸，女儿给妈妈比试着新买的毛衣，年迈的父亲坐着轮椅，孙女绕膝倾听爷爷讲述，画面其乐融融，既表现了强烈的时代特征，又表现出浓郁的生活气息。在本届美展获得评委、专业画家和参观者的一致好评，是新时代中国主题性绘画育人功能人本性特征的最好体现。可见，改革开放新时期中国主题性绘画只有充

---

① 习近平：《决胜全面建成小康社会 夺取新时代中国特色社会主义伟大胜利——在中国共产党第十九次全国代表大会上的报告》，人民出版社 2017 年版，第 43 页。

分彰显人文性，通过体现人文关怀的绘画作品教育受众群体，才能被群众所接受，更好实现育人功能。

图 3 – 18　中国画·陈治、武欣《儿女情长》①

注：新时期中国主题性绘画更强调对人的内心世界的描绘，强化以人为本的创作理念。

第四节　中国主题性绘画的思想政治教育育人功能的三个转化

中国主题性绘画所表现的内容是随着时代的发展而变化，其宣传教育作用呈现出三个方面的转化。在育人内容上，由"单一性"向"多样性"转化；在育人结构上，由"零散性"向"系统性"转化；在育人目标上，由"工具理性"向"价值理性"转化。

① 《第十二届全国美术作品展览·中国画作品集》，人民美术出版社 2014 年版，第 30 页。

一 育人内容：由"单一性"功能向"多样性"功能转化

新民主主义革命时期，以反映人民大众受"三座大山"压迫、生活困苦、激发人民反抗精神为主要创作内容。张闻天在《中华民族新文化的内容与性质》一文中指出："中华民族的新文化必须是为抗战建国服务的文化。要完成这个任务，它必须是民族的，即抗日第一，反帝、反抗民族压迫，主张民族独立与解放，提倡民族的自信心，正确把握民族的实际与特点的文化。"① 这一时期的中国主题性绘画创作内容主要以版画为主，黑白对比强烈，视觉冲击力强、印刷数量多、宣传力度大、通俗易懂和易被大众接受，在革命战争年代具有很大的宣传、鼓舞和教育作用。但在育人内容上仍具有"单一性"，例如版画作品《工学商打倒曹、陆、章》《中国最近之悲观》《对内对外两种面目》等。社会主义建设时期国内外依然存在封建残余势力，西方不良思潮肆虐，因此，政治宣传画创作内容主要是以巩固新政权、弘扬党在革命时期浴血奋战的光辉形象、教育人民爱国情怀为主，有力地配合着中华人民共和国成立后最初几年的历史任务，发挥宣传、教育的作用，如作品《武昌起义》《南昌起义》《开国大典》《地道战》《飞夺泸定桥》《八女投江》等，作品具有一定的思想性，在功能发挥方面较之革命战争时期有很大进步，但仍是单一性的育人内容。社会主义建设时期，政治宣传画均以阶级斗争和路线斗争为纲，出现了独具特色的"高、大、全""红、高、亮"的创作特征，革命浪漫主义和革命现实主义"两结合"的创作内容，以及国家命题、美术家创作、群众评价的"三结合"的创作模式，凸显出单一性、泛革命性的育人内容。有反映以国家领导伟人题材的，如《亲切的教导》《在大风大浪中前进》《毛主席视察抚顺》《毛主席和我们心连心》《激扬文字》等；反映阶级斗争和路线斗争的重大题材宣传画，如《把批林批孔的斗争进行到底》《千秋功罪，我们评说》等；歌颂我国日新月异的社会主义革命和建设的大好形势，如《天堑通途》《大庆工人无冬天》《闪光》等作品。改革开放以来，文艺

① 《张闻天选集》，人民出版社 1985 年版，第 252 页。

创作进入了蓬勃发展的新时期，为适应新形势发展，邓小平指出，多样性就是文艺的内容丰富多彩，"我国历史悠久，地域辽阔，人口众多，不同民族、不同职业、不同年龄、不同经历和不同教育程度的人们，有着多样的生活习俗、文化传统和艺术爱好"①。文艺育人内容应当多样化，既可以是"雄伟和细腻，严肃和诙谐，抒情和哲理"，也可以是"英雄人物的业绩和普通人们的劳动、斗争和悲欢离合，现代人的生活和古代人的生活，都应在文艺中得到反映"②。江泽民同志指出"弘扬主旋律，提倡多样化"，"反映主旋律的精神产品不仅思想内容要健康向上，艺术表现也应多种多样、生动活泼、精益求精，具有强烈的吸引力和感染力，在文化竞争中赢得优势"③。习近平总书记在文艺座谈会上指出，努力创作生产更多传播当代中国价值观念、体现中华文化精神、反映中国人审美追求，思想性、艺术性、多样性、观赏性有机统一的优秀作品，"优秀作品并不拘于一格、不形于一态、不定于一尊，既要有阳春白雪，也要有下里巴人，既要顶天立地，也要铺天盖地"④。由此可见，改革开放以来，在党和国家的高度重视下，文艺创作更加多样性发展，有反映重大革命历史事件的红色经典作品，如《西柏坡——1949 年 3 月》《我们都是神枪手》等；有表现社会主义现代化建设中取得的最新成就的作品，如《检阅》等；有表现国家主权统一、民族团结的作品，如《郑成功收复台湾之战》等；有表现颂扬人性，众志成城抗击灾难的作品，如《洪流滚滚》《98 记事》《巡堤》等；有表现改革开放时代精神和时代发展科技进步的作品，如《畅想·浦东》《航天人》等；有表现现代人美好愿景的作品，如《世纪梦》等。进而在育人内容层面上实现了中国主题性绘画育人功能的多样性转化。既表现中华优秀传统文化、革命文化以及社会主义先进文化的教育性内涵，又展现人民美好生活的人文性内涵。"通过视觉的艺术形象来传播社会主义

---

① 《邓小平文选》（第 2 卷），人民出版社 1994 年版，第 210 页。
② 同上。
③ 《十四大以来重要文献选编（上）》，人民出版社 1996 年版，第 208 页。
④ 《习近平总书记在文艺工作座谈会上的重要讲话学习读本》，学习出版社 2015 年版，第 8 页。

新时代的美好生活，用艺术形象来反映建设社会主义的广大群众的生活、思想、感情，并鼓舞他们向生活前进。"① 题材丰富的中国主题性绘画作品，在育人内容上向"多样性"功能转化。

二 育人结构：由"零散性"功能向"系统性"功能转化

新民主主义革命时期，由于受到特殊的艰苦环境制约，反"围剿"和抗日是以根据地的方式展开的，革命斗争呈现"局域性"，因此，革命画在宣传党的思想方针上呈现"区域性"，育人结构呈现"零散性"。如在抗日战争时期，随着全民族抗日战争的深入开展，到1938年夏，中国共产党领导红军共建立了晋察冀、晋冀鲁豫、晋绥、山东、华中等抗日根据地，不同的根据地都有不同的美术活动，但其主要宣传范围集中于党领导的局部红色政权之内。采取美术革命的形式，穿透反动势力的封锁和包围，将革命的火种播撒到日本占领区和国统区，配合着前线的抗日战争，鼓舞人民，瓦解敌人，因此在育人结构上具有"零散性"。社会主义建设时期，政治宣传画围绕着社会主义建设而开展育人教育，在思想层面为社会主义事业培养合格的建设者和接班人，通过创作反映大生产运动以及"三反五反"运动等，来倡导集体主义精神，凸显中国主题性绘画过渡性的育人特征，例如作品《捉迷藏》《农业大跃进 社社放卫星》《乘风破浪 力争上游》《唱模范》等。社会主义探索时期，"文革美术"主要宣传政治斗争和阶级斗争。艺术家按照严格的创作模式进行创作，自觉地加强自我思想改造，来迎合时代的需要。"通过劳动锻炼，投入生活，改造思想，争取政治挂帅，争取更好地为人民多画些好作品，笔墨才可能从实践创作中得到提高。"② 如文艺创作的"三突出"原则，即"在所有人物中突出正面人物""在正面人物中突出英雄人物""在英雄人物中突出最主要的英雄人物"。此时的育人功能具有模式化和强制性，凸显僵化、单一特点。例如作品《我们是光荣的兵团战士》《革命人再看革命戏》《大力普及样板戏》等。

---

① 汪洋：《艺术与时代的选择——从美术革命到革命美术》，浙江大学出版社2011年版，第139页。

② 傅抱石：《政治挂了帅，笔墨就不同》，《美术》1959年第1期。

进入改革开放新时期，中国主题性绘画育人功能影响到国家、社会和个人等各个层面，发挥着导向、激励和凝聚功能，进而提高人的思想觉悟，实现人的全面发展，如表现国家层面的作品《公元一千九百四十五年九月九日九时·南京》《大洋挥戈》《天宫》《中国梦宣传组画》等；表现社会层面的作品《当震撼撕裂大地的时候》《西沙女兵》《洪流滚滚》等；表现个人层面的作品《雪域天使——门巴将军李素芝在牧区》《校园系列之"大四"》等。因此，在育人结构上实现了向"系统性"功能转化。

三　育人目标：由"工具理性"功能向"价值理性"功能转化

中国主题性绘画历经百年的历史发展，在育人价值上，经历了由"工具理性"到"价值理性"的转化。在新民主主义革命时期中国主题性绘画的育人具有战斗性、革命性特征，是由新民主主义革命的性质决定，毛泽东在《新民主主义论》中分析了中国当前的主要矛盾是"帝国主义和中华民族的矛盾，封建主义和人民大众的矛盾，这些就是近代中国社会的主要矛盾，伟大的近代和现代的中国革命，是在这些基本矛盾的基础之上发生和发展起来的"。同时，在新民主主义文化中毛泽东分析了既不是资产阶级的文化专制主义，又不是单纯的无产阶级的社会主义，而是以无产阶级社会主义文化思想为领导的人民大众反帝反封建的新民主主义。因此，"革命画"主要以反映人民反侵略、反压迫为主要内容，其主要的功能在于宣传党的思想路线和配合前线进行革命斗争，成为"团结人民、教育人民、打击敌人、消灭敌人"的主要工具，呈现"工具理性"的育人目标。例如作品《粉碎第五次"围剿"》《破碉堡》《当敌人搜山的时候》《反清乡斗争胜利》《练兵》《运送公粮支援前线》等。到社会主义建设时期，党和国家继续走中共八届三中全会的既定路线，在此基础上毛泽东发展出在"无产阶级专政下继续革命的理论"，"要画革命画，先做革命人"。如1966年初中共中央华北局宣传部部长梁寒冰在"华北区1966年年画、版画展览"的观摩会上做了题为《高举毛泽东思想红旗，画出我们时代最新最美的图画》的报告，他指出："要画最新最美的图画，首先要求我们的美术工作者要具有革命的思想和革命的感情。我们的美术工作者是掌握革命的美术武器,向敌人进行斗争的战士,又是用革命的美术工具,去教育人民的政治思想工作者。"① 因此,中国主题性绘画在社会主义建设时期通过形象的艺术创作来宣传党的路线方针,反映政治斗争、阶级斗争,凸显"工具理性"的育人目标。例如,作品《生命不息,冲锋不止》《控诉地主》《转战陕北》《把批林批孔进行到底》《处处岗哨》等。进入改革开放新时期,党的十一届三中全会实现了党和国家的工作重心由以阶级斗争为纲向以经济建设为中心转变。和平与发展是当今时代的主题,用现实主义精神和浪漫主义情怀观照现实生活,歌颂光明、抒发理想、鞭挞丑恶、抵制低俗,给人民信心和力量,解决好"为了谁、依靠谁、我是谁"的问题,牢固树立人民是历史创造者的观点,自觉以最广大人民为服务对象和表现主题,在人民生产生活中进行美的发现和美的创造。这一时期的中国主题性绘画围绕这一主题服务,在题材选择上多反映改革发展的重大现实事件,作品多以人民为中心,在育人目标上逐渐向"价值理性"转化。在新时代背景下,文艺创作更加关注人的发展,强调人性的价值,在坚守为人民群众服务的价值本色的前提下,紧紧围绕人民日益增长的美好生活需要,创作出更多具有人文关怀的作品,为人民大众提供更多更好的精神食粮。例如作品《年·万象更新》《民以食为天》《工棚》等。以获第十一届全国美展银奖的中国画作品《零点》(见图3-19)为例,画面的时间是深夜零点,一对年轻的夫妇还在忙碌,年轻的丈夫正在上网,妻子接听电话,人物塑造的时尚、阳光、热爱生活,尤其从画面点缀的布娃娃可以看出,画面极具生活化,仙人掌、竹节海棠给画面增添无限生机。通过对这幅作品的解析,可以看出,新时期的中国主题性绘画更加关注人本身,关注人的内心世界,和以往绘画题材相比,直面人民的生存状态,关注当下,回归价值理性,从而使中国主题性绘画的育人功能由"工具理性"向"价值理性"转化。

---

① 梁寒冰:《高举毛泽东思想红旗,画出我们时代最新最美的图画》,《美术》1966年第1期。

图 3 - 19　中国画·陈治、武欣《零点》①

　　注：新时期的中国主题性绘画更加关注人本身，关注对人内心世界的描绘，回归价值理性。

第四章　新时代中国主题性绘画发挥思想政治教育育人功能的机遇与挑战

　　从"服务革命斗争"的革命画，到"文艺为政治服务"的政治宣传画，再到弘扬时代主旋律的中国主题性绘画，各个时期中国主题性绘画功能的发挥受历史时代条件的制约，并呈现出针对性与时效性特征。在新的历史条件下，中国主题性绘画育人功能的发挥是时代性课题。一方面在创作主题、表现形式、传播途径、价值取向等方面都产生了新的变化，受到党和国家的高度重视；另一方面，市场经济全球化，西方文化思潮的侵袭以及思想政治教育自身面临的新形势，都赋予中国主题性绘画新的要求。如何更好发挥中国主题性绘画的思想政治教育育人功能，需要对中国主题性绘画的思想政治教育功能的现实表征进行系统研判与详细探析。

第一节　新时代中国主题性绘画的思想政治教育的育人理念

　　"思想政治教育的正确方针和原则，是开展思想政治教育必须遵循的基本要求和准则，也是思想政治教育丰富经验和总结。掌握和运用正确的方针和原则，才能使思想政治教育卓有成效，发挥巨大的威力。"① 正确的方针和原则对思想政治教育功能的发挥具有巨大的促进作用，在

---

　　① 王树荫、王炎：《新中国思想政治教育史纲（1949—2009）》，人民出版社 2010 年版，第 227 页。

新的历史条件下，中国主题性绘画思想政治教育育人功能的发挥更应该掌握正确的方针与原则，从时代主题的把握上、主流文化的反映上、人民生活的表达上更真切地呼应时代的声音，更真实地为思想政治教育育人功能的发挥助力。

一　紧扣时代主题

2014 年习近平总书记在文艺工作座谈会上提出："文艺是时代前进的号角，最能代表一个时代的风貌，最能引领一个时代的风气。"[①] 这一重要论断，准确地把握了文艺与时代的关系，深刻揭示了文艺在展现时代精神，推动时代进步中必须遵循紧扣时代主题的育人理念。党的十八大以来，中国特色社会主义进入新时代。"这个新时代，是承前启后、继往开来、在新的历史条件下继续夺取中国特色社会主义伟大胜利的时代，是决胜全面建成小康社会、进而全面建设社会主义现代化强国的时代，是全国各族人民团结奋斗、不断创造美好生活、逐步实现全体人民共同富裕的时代，是全体中华儿女勠力同心、奋力实现中华民族伟大复兴中国梦的时代，是我国日益走进世界舞台中央、不断为人类作出更大贡献的时代。"[②] 中国主题性绘画作为文艺创作的重要组成部分，成为反映时代发展的晴雨表，也成为讴歌党、讴歌祖国、讴歌人民、讴歌英雄的艺术表现形式之一。特别是近几年，中国主题性绘画创作呈现新的态势和变化，不仅对时代转型、时代大势、时代热点等做出美学判断，也展示出中国主题性绘画创作者作为时代先觉者、先行者和先倡者的思想锋芒和精神指向，产生了"现象级"的传播效果，例如纪念中国人民抗日战争暨世界反法西斯战争胜利72周年、纪念建党97周年和红军长征胜利82周年、实现中华民族伟大复兴的中国梦"一带一路"建设等极具时代魅力的中国主题性绘画展览。这些中国主题性绘画创作围绕时代命题，展现国家形象、表现人民生活、弘扬主旋律、唱响正气歌，

---

① 《习近平总书记在文艺工作座谈会上的重要讲话学习读本》，学习出版社 2015 年版，第 8 页。

② 习近平：《决胜全面建成小康社会　夺取新时代中国特色社会主义伟大胜利——在中国共产党第十九次全国代表大会上的报告》，人民出版社 2017 年版，第 10—11 页。

留下了鲜明的时代记录。

1. 与时俱进是紧扣时代主题育人理念的精神内涵

党的十六大报告关于与时俱进的内涵做出了明确规定："与时俱进就是党的全部理论和工作，要体现时代性，把握规律性，富于创造性。"这里强调的时代性即与时俱进，就是党的全部理论和工作都要体现时代性，把握事情发展的规律性，符合人性发展要求，富有创造性。"历史和现实都证明，每到重大历史关头，文化都能感国运之变化、立时代之潮头、发时代之先声，为亿万人民、为伟大祖国鼓与呼。"① 艺术作为宣传党的思想的重要载体和手段，能够体现不同时代的思想特征。通过直观的艺术形象，一方面揭示迂腐和落后的思想观念，另一方面传播党和国家的先进思想，凝聚民心，教育大众。简单地说，中国主题性绘画育人思想中的与时俱进就是艺术创作源于生活、体现生活的一种实践活动，同时又是每个时代的精神的最好体现，优秀的作品更能展现文化思想的深厚底蕴，激发一个民族的思想觉醒和凝聚力。例如，在革命战争年代，大批艺术工作者拿起画笔奋战在抗战的第一线，为国家独立、民族解放发出强烈呼声。革命画宣传党的思想，成为革命胜利不可或缺的重要力量。社会主义建设时期和改革开放新时期，大量作品描绘党领导中华儿女的奋斗历程和辉煌成就，为时代前进吹响了激昂的号角。当今中国发展不仅要靠物质文明的"保驾"，而且也离不开精神文明的"护航"，在文化建设过程中，让真正经典的中国主题性绘画实现其自身价值，"充分发挥以优秀作品鼓舞人的重要作用，发出高亢激昂、催人奋进的声音，努力使文艺成为新时代的号角"②。

2. 创新意识是紧扣时代主题育人理念的重要原则

在思想政治教育的语境下，创新教育是完善育人功能的有效途径，因此二者在创新意识上具有一致性。中国主题性绘画的创新意识能够激发创作主体主观能动性，不拘泥于形式题材，能够促进文艺的多样化发展，更

---

① 习近平：《在文艺工作座谈会上的重要讲话》，《人民日报》2015 年 10 月 15 日第 1 版。

② 《习近平总书记在文艺工作座谈会上的重要讲话学习读本》，学习出版社 2015 年版，第 13 页。

能让新时代不同阶层的人民群众接受，易教化大众，有效地实现思想政治教育功能的发挥。一方面，新颖的作品还需要坚持古为今用、洋为中用的理念。进入新时代，我们要逐渐摒弃迂腐陈旧的思想观念，在继承优秀传统文化的同时，积极学习优秀的现代文化，除旧布新，使得古代文化与现代文化相结合。另一方面，在全球化背景下，外来文化不断侵入，产生各种矛盾冲突，这就要求创作主体发挥主观能动性，学会借鉴和吸收外来优秀文化，学以致用，创作出符合大众审美的中国主题性绘画作品，形成完整的中国主题性绘画体系，为繁荣中国文化奠定基础，完善思想政治教育艺术载体。因此，在中国主题性绘画创作过程中，准确地把握传统继承和时代创新的关系是践行与时俱进育人理念的有效途径。

二　反映主流文化

主流文化是一个社会和一个时代倡导的、起着主要影响的文化。每个时期都有特定的主流文化，而我国现阶段正处在社会主义建设之中，有中国特色的社会主义文化就是新时代的主流文化。习近平总书记谈到文化时指出："在5000多年文明发展中孕育的中华优秀传统文化，在党和人民伟大斗争中孕育的革命文化和社会主义先进文化，积淀着中华民族最深层的精神追求，代表着中华民族独特的精神标识。"在这里，总书记凸显了中国文化的三种形态——中华优秀传统文化、革命文化和社会主义先进文化，肯定了中国特色社会主义文化能够引导人民树立正确的历史观、民族观、国家观和文化观的积极作用。因此，新时代中国主题性绘画的育人理念应积极反映主流文化。

1. 中华优秀传统文化是反映主流文化育人理念的思想资源

中国主题性绘画的育人理念离不开中华优秀传统文化的滋养，中华优秀传统文化不仅代表了漫长历史岁月中中华民族独特的精神追求，汇聚了一代代中国人文化创造的精华和智慧，而且中华优秀传统文化中蕴含着丰富的生命力和影响力，为中国主题性绘画的育人思想提供了重要的思想资源。反映中华优秀传统文化，就要对中国古代文化进行甄别，取其精华，去其糟粕，从马克思主义的历史主义出发，运用历史的唯物论和历史的辩证法思考文化育人问题，更重要的是在中国主题性绘画中合理表达中华优秀传统文化的精华，彰显优秀传统文化的时代魅力，感召人民大众对历史与文化的认同。

2. 革命文化是反映主流文化育人理念的精神指引

革命文化是党和人民在革命历史斗争中孕育和发展出来的，体现了马克思主义指导下的中国近代先进文化的发展及其成果，是社会主义新中国在文化育人上不可动摇的基石，也是中国主题性绘画育人思想的精神指引。中国主题性绘画在发展之初，就以国家的文化方针政策作为主要的创作方向，成为宣传党的思想和国家意识形态的号角。在新民主主义革命时期，毛泽东强调革命画要服从于无产阶级的革命斗争，要在美术工作中贯彻无产阶级的革命精神。在农民革命运动中，创作大量的"革命画"，正是适应了"图画宣传乃特别重要"的实际需要。在北伐战争、抗日战争和解放战争中，革命画中渗透的文化育人思想，起到宣传、鼓动、战斗的作用。因此，动摇了这块基石就是动摇了革命文化和社会主义先进文化的历史合法性，也是从文化上动摇了党和人民伟大斗争的合法性、动摇了社会主义新中国的合法性。因而，新时代的中国主题性绘画不能偏离革命文化的价值导向，要将革命精神丰富在主流文化的育人环节中。

3. 社会主义先进文化是反映主流文化育人理念的主导思想

社会主义先进文化是指以马克思主义为指导，以培养有理想、有道德、有文化、有纪律的四有公民为目标的面向现代化、面向世界、面向未来的，民族的、科学的、大众的社会健康积极向上的具有特色的社会主义的文化。因此，中国主题性绘画的思想政治教育育人功能的发挥，需要以社会主义先进文化为主导，时刻围绕党和国家文化方针政策展开，坚持中国特色社会主义文化发展道路，立足于巩固马克思主义在意识形态领域的指导地位、巩固全党全国人民团结奋斗的共同思想基础，弘扬社会主义核心价值观，培育民族精神和时代精神，解决现实问题、助推社会发展。因此，中国主题性绘画肩负着在一定时期，宣传国家意识形态、传播主流价值观念、讴歌人性、弘扬真善美的特殊使命，成为党和国家宣传意识形态和价值观念的有效传播途径，也是进行思想政治教育的重要工具。改革开放以来，和平和发展是世界发展的主题，但和平之下关于意识形态的"颜色革命"暗潮涌动，特别是随着文化的全球化，其越来越成为国家之间意识形态斗争的重要形式之一。西方国家以文化产品作为宣传载体，对外输出价值观念和意识形态，在世界意识形态的话语中占有优势。由于我国文化产业起步较晚，还没有自己的标志性文化产品和话语体系，因此经常受到西方的质疑和争议。面对世界发展的实际情况，要明确文化产品中的中国主题性绘画对外宣传的内容定位：通过艺术作品对外宣传中华民族五千年来的优秀文化传统，让世界更了解中国文化；对外宣传新中国成立以来特别是改革开放以来取得的伟大成就，让世界看到中国的发展；对外宣传中国人民身上所体现出来的爱国、敬业、诚信、友善等优秀品质，让世界认知中国人民；对外宣传新时代的中国不断探索和培育社会主义核心价值观（见图4-1），让世界爱上开放的中国。

图4-1　图解社会主义核心价值观①

注：中国主题性绘画通过形象化的艺术语言，宣传主流文化，引导社会大众做出正确的价值判断。

新时代中国主题性绘画育人功能的发挥需要以党和国家的文化方针政策作为"旗帜"，反映主流文化，把培育和践行社会主义核心价值观的理念融入作品中，传播向上向善的价值观念，增强其育人功能的导向性，引导大众尤其是青少年做出正确的价值选择、价值判断和价值行

---

① 《图解社会主义核心价值观》，2017年9月，昵图网（http://pic141. nipic. com/file/20170929/23657560_ 092823126031_ 2. jpg）。

为，创作和传播有利于国家、有利于社会、有利于人民的作品。

三　表达人民生活

何为"人民"，从词汇学一般意义来看，"人民"通常指平民百姓或人类整体，如《诗·大雅·抑》云，"质尔人民，谨尔候度，用戒不虞"；从政治学角度看，"人民"一词，在不同国家和每个国家不同的历史时期，有着不同的内容。总体而言，马克思主义话语体系中"人民"一词多是从民族之争和阶级斗争的角度来加以阐释，被认为是与统治阶级对立的、谋求推翻压迫、反对剥削而翻身求解放的被统治阶级。基于以上分析，"表达人民生活"的育人理念就是通过反映人民生产生活的伟大实践，来观照人民的生活、命运、情感，表达人民的心愿、心情、心声。

1. 文艺要服务人民，就必须积极表达人民生活

艺术作品反映人民生活，就是通过图像、色彩、文字等抽象元素经过艺术家的主观处理以具象艺术再现的方式来描写人民的生活，抒发个人情感，弘扬主流价值观念，服务于人民大众。中华民族 5000 年的灿烂文明，尤其进入近代以来，党在领导人民争取民族独立、人民解放的历史斗争中，进行了革命、建设和改革的百年奋斗历程，这一深刻变化和 13 亿中国人民极为丰富的生产生活实践，都为文艺创作提供了丰富素材。因此，"人民生活本来就存在着文学艺术原料的矿藏，人民生活是一切文学艺术取之不尽、用之不竭的创作源泉"①。毛泽东在《在延安文艺座谈会上的讲话》中指出："人民生活中的文学艺术原料，经过革命作家的创造性的劳动而形成观念形态上的为人民大众的文学艺术。"② 邓小平也曾指出："自觉地在人民的生活中汲取题材、主题、情节、语言、诗情和画意，用人民创造历史的奋发精神来哺育自己，这就是我们社会主义文艺事业兴旺发达的根本道路。"③ 由此可见，

---

① 习近平：《在文艺工作座谈会上的重要讲话》，《人民日报》2015 年 10 月 15 日第 1 版。

② 《毛泽东论文艺》，人民文学出版社 1992 年版，第 51 页。

③ 《习近平总书记在文艺工作座谈会上的重要讲话学习读本》，学习出版社 2015 年版，第 69 页。

积极表达人民生活，就是将文艺作品的创作蕴于最真实的实践中，让中国主题性绘画成为人民声音的真实反映，从平凡中发现伟大，从质朴中发现崇高。

2. 表达人民生活就是坚持"以人民为中心"的创作导向

"思想政治教育工作本质上是做人的工作，研究掌握人的思想认识特点和行为活动规律，是思想政治教育的立足点和出发点。"① 而中国主题性绘画的育人功能的发挥也需要掌握人的思想认识和行为活动规律来进行艺术创作、反映人民生活，因此，表达人民生活就要坚持以人民为中心的创作导向。一方面，在中国主题性绘画的创作中，广大创作者是人民群众中从事文艺工作的人群，是人民群众的重要组成部分，中国主题性绘画的创作者来自人民，由人民养育，这是创作主体与人民群众具有密不可分的血肉联系的根源所在；另一方面，在漫漫的历史长河中，人民始终是人类文明成果的真正缔造者，人民群众创作的文艺作品始终是人类文明成果中最辉煌的部分，人民文艺由人民创造，人民是人民文艺真正的主人，表达人民生活，就是反映人类文明的真实写照。由此可见，中国主题性绘画育人功能的发挥只有坚持表达人民生活的育人理念，"坚持把体现党的主张同反映人民的心声统一起来，尊重人、理解人、关心人、帮助人，宣传思想工作才能在服务群众中更好地引导群众，赢得群众的支持和信任，才能使广大人民群众团结在党的周围，为推进我们的伟大事业努力奋斗"②。

中国主题性绘画的思想政治教育育人功能只有在坚持表达人民生活、服务人民群众的过程中才能实现其应有的价值，"真情描绘人民群众在党的领导下创造幸福生活的精神风貌，不断推出反映人民呼声、振奋民族精神、陶冶高尚情操的优秀作品，为激励亿万人民投身民族解放、国家富强、改革开放的宏伟事业作出重要贡献"③（见图 4 - 2、图 4 - 3）。

---

① 王树荫、王炎：《新中国思想政治教育史纲（1949—2009）》，人民出版社 2010 年版，第 403 页。

② 《十六大以来重要文献选编（上）》，中央文献出版社 2005 年版，第 526 页。

③ 《习近平总书记在文艺工作座谈会上的重要讲话学习读本》，学习出版社 2015 年版，第 60 页。

图 4 - 2　中国画・桑建国《候车》①

图 4 - 3　中国画・李传真《工棚》②

　　注：表达人民生活作为中国主题性绘画的创作导向，是其育人功能的重要理念，也是作品具有生命力的前提基础。

---

　　① 桑建国：《候车》，2013 年 3 月，百度网（http：//img2. ph. 126. net/9y14GJulh1oOmGEFo_mIFQ = = /6597179717821254326. jpg）。

　　② 《第十一届全国美术作品展览・中国画作品集》，人民美术出版社 2009 年版。

第二节　新时代中国主题性绘画发挥思想政治
教育育人功能面临的机遇

纵观历史，中国主题性绘画的育人功能呈现不同的历史时代特征，其功能的发挥面临着或来自自身发展的需要，或来自国家发展的需要，这为中国主题性绘画的发展拓宽了道路。例如，在新民主主义革命时期，中国主题性绘画需要表达劳苦大众的革命情怀；在社会主义建设时期，中国主题性绘画深受国家文艺方针政策导向，成为教育人民、团结人民的教育手段；在改革开放时期，文艺生产力的解放，使得中国主题性绘画大发展、大繁荣；进入新时代以来，中国主题性绘画在创作理念、传播渠道、政策导向等多方面面临着新的历史境遇，为中国主题性绘画育人功能的发挥，更为思想政治教育育人功能的发挥带来了新机遇。

一　创作趋势多元，育人前景广

中国主题性绘画经过漫长历史岁月的洗礼发展至今，从整体上看形成了相对完善的艺术创作及功能传播体系，其育人功能也取得了一定成效，并日益受到党和国家的重视，《中共中央关于进一步繁荣文艺的若干意见》中提出："提倡一切激发人们奋发图强，开拓创新，积极进取的优秀之作，提倡一切陶冶人们道德情操的优秀之作，这应当成为我国文艺创作的主旋律。"文艺创作的多样化发展是符合社会需要和满足人民精神的必然趋势，"主旋律"的文艺作品总是以自身的艺术魅力为社会及人民大众生活服务。这不仅是时代发展的诉求，也是艺术创作家应尽的职责，文艺作品因多样而丰富，因多样而精彩。其中以全国美术作品展览为例，从1949年第一届到2014年第十二届（见表4-1），多元化作品中的"主旋律"声音仍处于主体地位。

表4-1　第一至十二届全国美术作品展览中国主题性绘画获奖作品

时间	届期	数量	中国主题性绘画获奖作品
1949 年 7 月	第一届	604 件	《翻身游行图》《侦查》《清算》《反扶日游行》《儿子立了功》《参军》《焚毁旧契》《爆炸英雄王先明》《打狼保畜》《这就是证据》《虚伪的和平》《强烈的对照》《消灭封建》《诉苦》《咱们的队伍来了》《解放军回到自己家》
1955 年 3 月	第二届	966 件	《工地探望》《化水灾为水利》《新开发的公路》《澜沧江畔》《行军途中》《我们的首都北京》《一定要把五星红旗插遍台湾》《台湾人民渴望解放》《白宫》《支点》《对空射击演练》《红杏枝头春意闹》
1960 年 6 月	第三届	907 件	《平型关颂》《红岩》《三月》《女教师》《铁蛋》
1964 年 9 月	第四届	476 件	《心怀祖国放眼世界》《向新工地转移》《血泪童工》《留下党的一片情》《高唱革命歌》《搬运图》《春风春雨育新苗》《学毛选》《县委书记》《武装起来》《我们是大地的主人》《革命人爱看革命戏》《唱革命歌曲》《刘主席在林区》
1979 年 2 月	第五届	417 件	《人民和总理》《斗霸》《林溪》《换了人间》《主人》
1984 年 5 月	第六届	756 件	《太行铁壁》《大唐伎乐图》《潮》《未来世界》《亲爱的妈妈》《松谷》《敬爱的元帅》《绿，来自您的手》《信息——开发人类智力的契机》《邦锦美朵》《开荒牛——献给深圳特区》
1989 年 5 月	第七届	299 件	《玫瑰色回忆》《晓色初动》《吉祥蒙古》《村寨》《贵州人》《绿，来自您的手》《地球的红飘带》《君子之交》《大买主》《皓月红烛》《鉴湖三杰》《一个教师的工作台》《丝路风情》《春满人间》
1994 年 12 月	第八届	498 件	《草原的儿子》《秋的奉献》《没有风的春天》《霜叶红于二月》《神静八荒》《祭敖包》《乡情》《顶梁柱》《太行浩气》《师生》《运粮路上》《乐土》《公仆》《夏季训练》《儿子》
1999 年 12 月	第九届	655 件	《民兵史话长卷》《书香门第》《热血》《阳关三叠》《五角星》《世纪三峡》《和谐的记忆》《同心协力》《禁止污水超标排放》《世纪潮》《花季》《春天》《毕业生》《青春之旅》《心愿》《继往开来》《沧桑百年》《红楼岁月》《雪域儿女》《好年景》《井上的阳光》《云飘塞北》
2004 年 8 月	第十届	597 件	《嫩绿轻红》《抗联组画》《物华》《西部年代》《公元一千九百四十五年九月九日九时·南京》《夏华秋实》《渔歌》《渔舟飘至》《受难者·反抗者》《三伏》《回音》《奶奶》《战士》《西部放歌—灵光》《父亲的大衣》《追星》《工棚》《洁白的屏障》《万众一心》《邓爷爷我爱您》《大荒》《模范》《边关雪》《都市随想》《胜利者——无名的战士》《春暖万家》

续表

时间	届期	数量	中国主题性绘画获奖作品
2009 年 10 月	第十一届	568 件	《回信》《雪狼突击队》《来自高原的祈福——"5·19 国家记忆"》《壹玖肆玖》《兄弟》《开采光明的人》《淮海战役》《一代天骄》《永恒的记忆》《忆秋》《芳夏》《兄弟》《小夫妻》《雪域天使——门》《民以食为天》《长白老林》《乡村选举》《2009·矿工纪》《年·万象更新》
2014 年 9 月	第十二届	591 件	《而立之年》《刻在北大荒的土地上》《长征——向北？向北！》《开国大典·人民万岁》《延安鲁艺的一天》《寻找焦裕禄》《中国远征军》《文化中国·大明》《万国来朝》《隔壁滩上的军乐队》《祖国颂》《放飞梦想》《陕北红》《高原汽车兵》

从历届全国美展作品统计可以看出，"主题性"绘画主导地位不动摇，尤其是改革开放以来，弘扬主旋律仍是艺术创作的主要趋势。这是因为长期以来形成的美术机制对中国主题性绘画创作起到重要的"定位"作用，一大批理论家和美术创作者都有真诚的信仰，青年艺术家也选择参加全国美展等主流大展，寻求自我突破，完成自我实现。另外，每一次国家出现重大政治、社会、经济事件及特大自然灾害事件时，艺术工作者都能自发地集中进行"主题性"创作，如以香港回归、迎接奥运、抗击特大洪灾和地震等为现实题材，产生大量优秀作品。改革开放以来，"主题性"优秀作品所表现的题材，主要体现在以下几个方面。一是描绘党的三代领导核心，如反映第一代领导核心的有刘文西创作的描绘毛泽东、刘少奇、周恩来、朱德四位伟人的巨幅画作《东方》；反映第二代领导核心的如刘大为创作的《晚风》；反映第三代领导核心的如艾民有、张庆涛创作的《检阅》等。二是反映革命斗争光辉岁月和社会主义建设历程。三是讴歌改革开放以来丰硕成果。四是表现祖国壮丽山河。鼓励和引导创作者关注历史和现实，注重表现时代精神和民族气派，在绘画中持以严格的艺术标准并赋予其深刻的思想内涵，塑造国家和民族形象，充分体现中国主题性绘画的爱国主义和革命传统，发挥其社会效用。进入新时代以来，在党和国家的高度重视与鼓励下，出现了许多优秀的中国主题性绘画作品，就其题材来说更具多样性，有军事题材、民族题材、都市题材、乡村题材等多种作品类型，

"各种风格的创作语言兼容并蓄、多元互补，在思想性和艺术性的高度统一中，实现艺术的意识形态性和审美性的完美结合，创作出更多反映时代精神的力作"①，满足了社会大众的精神文化需求，提高人民的审美价值旨趣，更好地实现以美育人。

二　多种传播渠道，育人效率高

"思想政治教育手段的现代化，不是对现代高科技手段的简单搬用，而是一个创造性运用的过程，也不是仅仅涉及教育的某一方面，而是涉及教育的各个环节。"② 伴随着我国社会主义经济政治的快速稳定发展，党和国家颁布的相关文艺政策，多样化传播渠道以及人民对文艺作品的大量需求，为中国主题性绘画创作提供了良好的外部环境。依据前文所述，中国主题性绘画作为艺术性、人民性、审美性相融合的教育工具，是思想政治教育功能发挥的重要"扬声器"，并且中国主题性绘画可以通过报纸刊登、画展展出、电视宣传等传播载体，使先进性的、革命性的、时代性的思想内涵更加深入人心，并取得良好的成效。但是，伴随着社会科技的不断发展、全球化和信息化的推广，传统的中国主题性绘画的宣传方式显然已不能完全适应现代化教育的需要，因此，"要适应形势发展，抓好网络文艺创作生产，加强正面引导力度"③。网络媒体平台的宣传和推广，为思想政治教育的发展提供了更加便捷的传播模式，深刻影响了中国主题性绘画的思想政治教育育人功能发挥。21世纪新媒体的发展、互联网的普及、信息技术的进步拓宽和改变了人民获取资源的方式和思想观念，思想政治教育的艺术载体经历了文字传播阶段、图像传播阶段，再发展到网络电子传播阶段。电子传媒成为改革开放以来中国主题性绘画传播最重要的平台，改变了思想政治教育的传统传播方式。人民可以不去美术馆等基础文化设施欣赏艺术作品，转而通

---

① 汪洋：《艺术与时代的选择——从美术革命到革命美术》，浙江大学出版社2011年版，第171页。

② 《思想政治教育方法论》，高等教育出版社1999年版，第56页。

③ 《习近平总书记在文艺工作座谈会上的重要讲话学习读本》，学习出版社2015年版，第201页。

过网络媒介足不出户地接受艺术教育。因此，依靠网络媒体平台来宣传中国主题性绘画，引导受教育者的思想观念，可以有效提高受教育者的育人功效。例如 2018 年春晚播出的《丝路山水地图》幅宽 0.59 米，全长 30.12 米，系明朝宫廷的皇家地图，是由央视著名节目《国家宝藏》主持人张国立、故宫博物院院长单霁翔以及香港世茂集团董事局主席许荣茂在晚会上向世界华人展示的艺术作品，引起了强烈的社会反响，让世界华人见证"国宝回归"，领略中国明代丝绸之路的辉煌，这对传播中华优秀传统文化具有重要意义和作用。也就是说，受众通过媒体了解作品的艺术魅力，在无形之中接受正确的思想观念，可见，传统的传播渠道与便捷的网络模式相结合，拓宽了中国主题性绘画的思想政治教育育人的方式方法，提高了育人成效。

三　国家政策支持，育人定位准

党和国家历来重视通过文艺作品传达党的思想方针，从而实现教育人、引领人的作用。进入新时代，文艺的繁荣进一步提高了广大人民群众审美意识和对主流意识形态的认同，各类文艺政策和荣典制度的确立和完善，都给中国主题性绘画创作带来了新的机遇。

1. 党和国家制定了一系列文艺政策以及习近平总书记发表了系列文艺讲话，实现了中国主题性绘画育人的精准定位

在文艺政策方面，《中共中央关于繁荣发展社会主义文艺的意见》中指出，"着眼培养大批有影响的各领域文艺领军人物，造就大批人民喜爱的名家大师和民族文化代表人物"，"文艺工作者是灵魂的工程师，必须把思想道德建设放在首位"。《关于实施中华优秀传统文化传承发展工程的意见》中提出："把中华优秀传统文化的有益思想、艺术价值与时代特点和要求相结合，运用丰富多样的艺术形式进行当代表达，推出一大批底蕴深厚、蕴含人心的优秀文艺作品。"习近平总书记关于文艺创作的系列讲话中提出："党的领导是社会主义文艺发展的根本保证。加强和改进党对文艺工作的领导，要紧紧依靠广大文艺工作者，选好配好文艺单位领导班子，诚心诚意同文艺工作者交朋友，尊重文艺工作者的创作个性和创作性劳动，政治上充分信任，创作上热情支持，营造有

利于文艺创作的良好环境。"①《在中国文联十大、中国作协九大开幕式上的讲话》中提出,"党对文艺工作历来高度重视,这是因为,文艺事业是党和人民的重要事业,文艺战线是党和人民的重要战线","希望大家坚定文化自信,用文艺振奋民族精神。希望大家坚守艺术理想,用高尚的文艺引领社会风尚"。这一系列重要讲话为文艺创作提供了指导思想和方针原则,为中国主题性绘画育人功能的发挥提供了更准确的定位。

2. 在国家文艺荣典制度方面,要建立健全制度保障

正如党的十七大报告中指出:"设立国家荣誉制度,表彰有杰出贡献的文化工作者。"一方面,要成立国家艺术基金,鼓励艺术家探索与创新。如 2014 年,由国家设立,旨在繁荣艺术创作、打造和推广原创精品力作、培养艺术创作人才、推进国家艺术事业健康发展的国家艺术基金成立(英文缩写简称 CNAF),项目资助立足示范性、导向性,坚持"为人民服务、为社会主义服务"的方向和"百花齐放、百家争鸣"的方针,尊重艺术规律。国家艺术基金的成立,极大激发了文艺工作者的创作激情,使艺术工作者通过鲜明的主题创作,及时反映各行各业先进人物的事迹,运用直观的艺术形式,传达党的思想,更好地发挥教育人、引领人的作用。另一方面,设立美术创作工程,彰显国家民族的文化气派,传播中国声音。如 2009 年 9 月 22 日,由中宣部、文化部、财政部主办的国家重大历史题材美术创作工程获得国家财政 1 亿元的项目资金支持,这是历史上首次如此大规模的资金投入支持主题性美术创作。该工程以我国波澜壮阔的反帝、反封建、反殖民主义斗争和社会主义革命、建设的重大历史事件为主题内容,鼓励倡导创作思想性和艺术性俱佳的优秀作品。这些主题性创作热情讴歌了中国人民在争取民族独立解放和社会进步的历史进程中所表现出来的以爱国主义为核心的团结统一、爱好和平、自强不息的民族精神和以改革创新为核心的时代精神。诚然,新的时代条件下,开展大型的创作工程的确需要党和国家的

---

① 《习近平总书记在文艺工作座谈会上的重要讲话学习读本》,学习出版社 2015 年版,第 200 页。

财政支持。可见，文艺政策和荣典制度的确立和完善为中国主题性绘画创作起到了思想引领和资金支持，为育人功能的发挥提供了坚实保障。

第三节　新时代中国主题性绘画发挥思想政治教育育人功能面临的挑战

中国特色社会主义进入新时代，文艺领域发生着翻天覆地的变化，这种变化表现在："功利性与非功利性、产业性与非产业性、意识形态与非意识形态、艺术与非艺术的纠葛与嬗变。文艺或艺术的非功利性的美学本质属性与文艺或艺术作为市场上产品流通的功利的产业属性，纠结于当下的文艺表现形态之中，产生了'二重化'矛盾。"① 这一"二重化"矛盾导致中国主题性绘画在新时代发展中呈现育人功能的弱化态势，其具体弱化表现为：管理体制不畅阻碍其功能的发挥；文化自觉不高削弱其精神内涵；唯市场经济思维降低社会效益；西方文化渗透影响价值判断等。中国主题性绘画育人功能的发挥所遇到的各种问题，既有外部环境的客观原因，也有内部循环不畅的主观原因。面对这些挑战，只有内外兼顾，打造内外环境和谐发展的有利局面，不断提升自身影响力，增强"主题性"魅力，探索出中国主题性绘画发挥思想政治教育育人功能的实践机制和路径，才能使中国主题性绘画在多元化发展中仍保持"主导地位"，发挥育人功能。

一　监管体制不畅，阻碍功能发挥

在市场经济条件下，中国主题性绘画育人功能的弱化问题，不仅是文艺领域的内部问题，还是市场监管和调控部门、文艺宣传部门等管理和监督不畅的外部问题相互作用形成的结果。中国主题性绘画创作和展览的一系列过程都在文化部的部署范围之内，而本章提到的中国主题性绘画的管理体制不畅的突出表现为文化部等主要部门管理权限不清晰，

----

① 秦勇：《核心价值视阈下的影视文艺研究》，中国社会科学出版社 2017 年版，第 172 页。

以及各部分之间缺少统一、协调的问题。由于我国文艺的发展源自文艺事业单位转企改制，原有的文艺体制是政府管理各项事业，可以说政府的文艺部门既是文艺事业财产的所有者，又是文艺活动的参与者、管理者，后来逐渐转变成文艺生产的经营者。文艺事业单位成了政府主管文化部门的附属，文艺单位的人员编制、岗位设置、活动经费、目标任务、场地安排等基本上是由行政部门负责审核、确定的。目前国内文艺产业的相关政策措施只是零散的"点"并且大多数都是早期颁布的，已经不能适应高速发展的当代文艺市场。例如"石鲁遗作"假画案、"齐白石、张大千作品真伪之争"等当代书画造假案层出不穷，艺术市场的乱象在一定意义上暴露出来监管缺位和监管衔接不畅的问题。尤其是改革开放以来，全球化、信息化、数字化的网络传播模式，在扩大覆盖面、提高实效性、为中国主题性绘画的育人功能发挥提供有利条件的同时，相应出现的网络管理困难也对人民的思想建构造成了潜在威胁，这就需要"创立一种全新的以资本为纽带、以市场为基础，以政府为主导的网络文化产业运行体制"①，这是监管主体面临的重要而紧迫的难题。因此，各管理部门之间如何协调合作、完善市场管理是当前亟待研究的问题，而这个问题也直接影响到中国主题性绘画创作价值传播的效果和最终目的的实现。

二 文化自觉不高，削弱精神内涵

从社会生产的四个基本环节来看，中国主题性绘画创作也要经过创作生产、管理分配、市场流通，才能进入大众消费的阶段。市场并非作品格调与品质的决定因素，真正决定其发展格调与品质的是人，具体包括创作主体、接受者以及思想政治教育工作者。

1. 创作主体文化动力不足

创作主体的文化素养、格调是有无文化自觉和文化自觉强弱的关键，知识储备丰富、富有创造性的创作主体往往更加注重自己作品的文

---

① 龚志宏：《润物细无声——思想政治教育中的无意识教育研究》，河南大学出版社2006年版，第229页。

化内涵和思想价值，注重艺术作品正能量的传递，而文化素养低下、缺乏创新意识的创作主体，其作品或观念也不会具有多高的思想性和艺术性。首先，创作主体的文化修养不高、政治常识和文化知识贫乏，就会出现有数量没有质量的文艺作品、有高原没有高峰的创作现象。可见，中国主题性绘画要育人功能的发挥，首先是"艺术家自身的思想水平、业务水平、道德水平是根本"①。这些年来的中国主题性绘画创作，尽管借助一些现代艺术手段，但总体上还是存在着隔靴搔痒的状况，真正将新的表现手法、媒介与所表达的主题紧密结合达到一定思想高度的作品，寥寥无几。很显然，创作主体仅仅在形式上进行改造，而自身的业务水平和文化修养没有提升到一个高度，是无法实现中国主题性绘画现代性转型的，而形式与主题的相互脱节，很难创作出真正打动人的优秀作品。其次，中国主题性绘画的创作主体，尤其是青年艺术家和自由美术工作者，与革命战争年代的老一辈艺术工作者相比，不仅缺少生活经验，人生经历也没有得到战争的洗礼，这就导致前人留下的优秀作品成为难以逾越的经典。这些经典之作成为具有政治指向性的"标志性"典范，使得新生代的创作主体在这些经典面前无法突破现有的思路和方法，以至于当前的中国主题性绘画出现自我复制、千篇一律的状况，甚至有的创作主体热衷于生产所谓的"为艺术而艺术""搜奇猎艳"的艺术作品，其内容普遍存在着过度包装、脱离大众、脱离现实、满足少数受众群体单纯感官娱乐的"快餐式"作品，不仅不能传播积极向上的价值观念，反而传播各种负面低级的思想观念，形成了经典作品相对较少，相似模仿、低级趣味的作品数量较多的态势，导致作品缺乏感人的力量，无法实现育人功效。最后，中国主题性绘画创作受到大众化趋势以及社会消费需求增加的影响，准入门槛较低，导致人人都可以成为创作主体，任何质量的绘画创作都可以在大众化的消费中传播，造成艺术创作产业发展得良莠不齐。高品质的绘画创作稀缺无法满足个体精神的文化需求，低品质的绘画充斥很难提升个体文化品位。即使高品质的艺

---

① 习近平：《在文艺工作座谈会上的重要讲话》，《人民日报》2015 年 10 月 15 日第 1 版。

术创作是发挥思想政治教育育人功能的重要载体，但现实情况却是远远不能满足受众群体的精神文化需求，更无法将受众群体对高品质绘画的主动需求转化为对社会正能量以及正确价值观的自觉追求。

2. 接受者的文化意识不强

文化自觉不高削弱了中国主题性绘画的育人功能，除了监管主体管理法规体制不畅、创作主体文化原动力不足之外，另一个重要原因是接受者文化意识的弱化。"如果你想得到艺术的享受，那你就必须是一个有艺术修养的人。"① 这说明，接受者在面对同一件艺术作品时，由于自身的知识水平、文化修养、接受观念和价值观的差异，所产生的精神上的满足感和思想上的认同程度也会有很大差异。因此，接受者在艺术欣赏上具有明显的层次性，欣赏能力强的接受者能够欣赏思想性强的艺术作品，而鉴赏能力弱的接受者只能欣赏思想性浅显的艺术作品。可见，接受者文化素养的高低决定所能欣赏的艺术作品的文化内涵的高低。同时，接受者的文化格调、鉴赏能力的高低也决定着他们对艺术作品的选择取向。由于中国主题性绘画所承载的道德观、价值追求、情感熏陶被裹挟在市场化和娱乐性的外衣之下，具有隐蔽性，因此，在接受者文化意识和鉴赏力不高的群体中，特别是一部分青少年难以真正做到从思想性、艺术性和观赏性的优秀作品中进行自主选择、自觉接受思想教育，而是存在着追求感官刺激、沉溺于低级趣味、痴迷于"娱乐至上"的文化消费观念。这就导致青年群体无法主动从优秀的中国主题性绘画作品中获得精神上的满足和心灵上的启发，因此，接受者需要监管主体和创作主体正确的引导和教育，才能完善中国主题性绘画的思想政治教育育人功能。

3. 从业教育者的教育观念过于传统

从业教育者一般秉持传统的课堂教育观念。一方面，思想政治教育者只是从知识教育目标出发选择思想政治教育的载体，重视课堂理论教育，采取灌输式的教育方式，对中国主题性绘画等艺术载体的认知不够或者有偏差，忽略了艺术教育的品德塑造、文化熏陶、情感陶冶、思想

---

① 《马克思恩格斯文集》（第 1 卷），人民出版社 2009 年版，第 247 页。

育人等人文教育价值，无法全面认识中国主题性绘画本身所具有的思想和文化内涵，割裂了二者之间的关系，使得中国主题性绘画这一艺术载体无法进入思想政治教育课堂。另一方面，部分从事艺术教育的工作者认为通过艺术进行思想政治教育就是重提"艺术政治化"，或者简单地理解为发挥思想政治教育艺术载体功效就是参观艺术馆或者美术馆等艺术实践活动，或者将二者简单机械地结合起来，使艺术的思想政治教育功能难以有效发挥。综上所述，从业教育者的传统教育观念阻碍了中国主题性绘画的育人功能与思想政治教育功能的结合，加之相对于中国主题性绘画而言，其育人功能的发挥具有较强的隐蔽性，因而更需要从业教育者具备全面的文化素养来促进二者的有益结合，创新教育模式，提升有效性。

三 唯市场经济思维，降低社会效益

"习近平总书记在讨论文艺与市场关系问题时，市场经济已经成为当前中国经济的主导模式，市场是当代文艺发展面临的基本处境。"① 这种认识是文艺发展阶段功能"异化"现象的真实反映，其功能"异化"现象主要表现为唯市场经济效益思维。改革开放以来，随着我国经济体制的改革，艺术被纳入市场化的运行模式中来，但由于经济利益的诱导，很多时候文艺市场的关注重点不是作品本身的教育价值和社会效益，而是关注作品能够引起多少人的兴趣，多少人观看、购买和参与，能够产生多少经济价值和市场需求。所以在经济市场化的利益诱导下，创作主体很容易因为逐利而超量生产，所导致的直接后果就是中国主题性绘画创作的肤浅和平庸，加速人民在艺术市场中的审美情趣和价值取向的滑坡。

1. 把作品当作追逐利益的"摇钱树"，以市场经济效益为创作的最终目的

新时代中国主题性绘画创作的市场是以普通大众作为消费主体的，其特殊的思想内涵和审美情趣需要有与之相适应的艺术审美释读能力，

---

① 常培杰：《文艺不能在市场经济大潮中迷失方向》，《中国文学批评》2017 年第 4 期。

而实际情况却与此相反。这是由于片面追求艺术作品的经济价值，忽略社会效益而导致的。唯经济效益至上的思维，一定程度上存在于绘画创作主体的经营模式之中，依据市场认同度来决定自己的取舍，以获利多少作为实现艺术价值的首要目标，无视或忽视艺术作品的教育内涵，自我炒作、粗制滥造，有的作品甚至沦为文化快餐式的低级俗物，艺术市场充斥着成本不高、质量不佳、内容低俗的绘画创作，以纯粹市场化逻辑，用"星、性、腥"去迎合市场。在市场经济条件下，艺术创作追求经济效益无可非议，因为经济效益是艺术创作在多元化的市场中得以存在的核心要素，但不能一味地追求经济效益而忽视社会效益，这就需要创作主体和市场监管部门增强文化意识，摆脱"一切向钱看"的功利思维，处理好作品"叫座"和"叫好"之间的关系。

2. 唯市场经济效益思维导致创作主体人才流失

当下的绘画创作是多元化的，这种多元化不但体现在艺术思想、媒介、语言、风格的多样化之中，也体现为艺术支撑体系的多元化。首先，大量民间资本的注入，美术馆、私人画廊等机构的兴起，尤其是与国际艺术界、艺术市场的快速接轨，使得创作主体的选择更加广泛。由于这些民间组织和机构带来了更大的创作自由度，众多有思想、有创造性的优秀青年艺术创作者选择走国际化路线，其中许多人是当代中国最具有创造力的艺术人才，造成中国主题性绘画人才的流失。其次，中国主题性绘画内容要求相对单一，无法满足当今市场经济的需求以及创作主体内心价值多元化的追求。由于历史的特殊境遇，在新中国成立、建设和奋斗的百年历史中，中国主题性绘画一直是非常重要的组成部分。在抗战时期和解放战争时期，适应时代需求的中国主题性绘画创作在宣传革命运动、凝聚民族认同、激发群众斗志等方面起到了不可替代的作用，中国主题性绘画的创作更是创作主体内心情感的表达。从 1951 年到 1961 年，国家先后组织了三次重大革命题材创作，成为现代中国主题性绘画创作的黄金时期，"英雄主义"是这个时期创作的主要特征。而 70 年代以后"伤痕美术"的兴起，对中国主题性绘画创作产生了深刻影响，使之日益偏离"英雄主义"轨迹，转而走向情感化的内心价值追求，造成中国主题性绘画被越来越繁荣、越来越多元的创作边缘化了的命运，因此很多从事中国主题性绘画的创作主体开始创作满足市场及大众娱乐的作品。

由此可见，过度的市场化使得中国主题性绘画育人功能的发挥出现诸多问题，具体表现为感情欲望的泛化、主体人格的异化以及精神价值的消解。中国主题性绘画创作商业化的一大特征就是夸大人的感情欲望，呈现出平庸、浮躁趋势，在无形中降低了人性的品位，它虽然能给接受者带来瞬间的愉悦感和满足感，但却无法深及心灵、触及灵魂。20世纪90年代以来，个人主义、拜金主义、享乐主义、消费主义、功利主义、实用主义等思潮的泛滥，逐步导致创作主体和接受者的分裂，出现了经济人与道德人、社会人与自然人的对立与冲突，破坏了主体人之间的有机联系，人本身被零散化、空心化、平面化，成为忘却历史记忆、没有深度的平面人，导致中国主题性绘画创作不能有效发挥其思想政治教育的育人功能。

四 西方文化渗透，影响价值判断

改革开放以来，伴随全球政治多极化、经济全球化、社会信息化的发展，世界范围内的各种思想文化潮流相互激荡日益加剧，西方敌对势力也趁机通过各种现代传媒和文化艺术手段传播其政治思想、价值观念，加之西方国家凭借其控制性优势和文化贸易中的强大话语权，"将中国纳入到以西方国家为主导的政治、文化体系中，企图以'润物细无声'的温和方式来改变我国社会主义国家主流意识形态"[①]。企图打赢"一场没有硝烟的战争"。由此可见，西方的文化渗透对我国的政治、经济、文化以及社会生活甚至人的社会心理、伦理道德等多个方面都产生了广泛而又深刻的影响。这种影响一方面促进了人民向现代化的良性跃迁，促进了各种思想文化的交流互鉴，使人民的竞争意识、开放意识、创新意识快速觉醒；另一方面，西方文化渗透的负面效应使人民产生思想上的价值判断误区，中国主题性绘画育人功能也面临着极端个人

---

① 臧传军、刘昕霞：《西方文化渗透对我国意识形态安全的影响研究》，《人民论坛》2013年第8期。

主义、功利主义、民主社会主义、新自由主义和普世价值等社会思潮的挑战。如詹姆逊在《全球化的文化》中指出，西方文化通过电视、电影、广播、广告、报纸，甚至艺术，四处伸展，席卷全球，使发展中国家的民族文化、价值观念和言说方式受到强烈的冲击和侵蚀。正因为如此，以美国为首的西方资本主义国家在文化交流的"糖衣"下包裹着"文化殖民渗透"的意图向我国发动了没有硝烟的"战争"，导致一些中国主题性绘画的创作主体以及市场营销主体将"金钱至上""唯市场经济论"视为艺术创作的主要目的，创作出迎合市场的"三俗"产品，满足一些人的感官刺激和精神需求，这就导致艺术作品的思想缺乏应有的教育价值，偏离了社会主义先进文化的方向，松动了应有的社会责任感和使命感，导致了中国主题性绘画这一行之有效的艺术方式、教育手段大大失效；影响了我国人民价值判断和审美情趣，大大削弱了中国主题性绘画的育人功效。

由此可见，西方文化的渗透是造成中国主题性绘画育人功能弱化的又一重要现实挑战，加之创作主体以及市场营销主体的文化自觉度不高，接受者的盲目选择，反过来助长了西方文化思潮的传播气焰。要解决这一难题，就需要监管主体的教育引导、创作主体的责任担当以及接受者的自我判断，更需要全面提升中国主题性绘画的创作水准与竞争实力，牢固树立起鲜明的"主旋律"旗帜，才能抵制西方文化思潮的侵袭。

第五章　中国主题性绘画的思想政治教育育人功能的优化方略

中国主题性绘画经过漫长的发展历程，形成了相对完备的创作模式和功能传播体系，开辟了中国主题性绘画发挥思想政治教育育人功能的新局面。然而进入新时代以来，中国主题性绘画也面临着影响其育人功能发挥的瓶颈问题，如管理体制不畅阻碍功能发挥、文化自觉不高削弱精神内涵、唯市场经济思维降低社会效益、西方文化渗透影响价值判断等。因此，中国主题性绘画的思想政治教育育人功能需要优化，本章将从优化理念、基本原则和载体路径作为优化方略加以研究分析，拓展中国主题性绘画的思想政治教育育人功能有效发挥的延展空间。

第一节　中国主题性绘画的思想政治教育育人功能的优化理念

思想政治教育的正确方针和原则，是开展思想政治教育必须遵循的基本要求和准则，也是思想政治教育丰富经验的总结。掌握和运用正确的方针和原则，才能使思想政治教育卓有成效，发挥巨大的威力。可见，科学的、宏观的方针政策对于中国主题性绘画思想政治教育功能的发挥有着巨大的指引作用。目前，我国处在各项事业蓬勃发展的新时代，人民在提高自身物质生活水平的同时，对精神文化产品的需求也日益增加，文艺创作面临着诸多问题。2014 年 10 月，习近平总书记就当前文艺市场乱象发表重要讲话，并科学分析了文艺领域面临的新形势、新情况、新问题，创造性地回答了有关文艺繁荣发展的一系列根本性、方向性的重大问题，是指导文艺工作和文化建设的纲领性文献，对推进社会主义文艺繁荣发展具有重要意义。因此，在宏观层面上，要实现中国主题性绘画的思想政治教育育人功能的优化，需要牢牢遵循习近平总书记关于文艺系列讲话精神，体现为"一元"主导、二个"需要"、三个"坚持"和"四以"要求的优化理念。

一 "一元"主导

"党的领导是社会主义文艺发展的根本保证"①，党是文艺事业发展的坚强领导核心，加强和改进党对文艺工作的领导，是推动我国社会主义文艺事业繁荣兴盛的根本保证。由此可见，坚持党对文艺工作的领导核心地位就是坚持马克思主义为指导思想在中国主题性绘画创作中的领导地位。

第一，坚持"一元"主导就是要正确认识和坚持马克思主义主导地位的科学内涵，明确中国主题性绘画创作发展中坚持马克思主义主导地位的重要性，确保中国主题性绘画创作的社会主义性质，从而实现其思想政治教育育人功能的有效发挥。

正确树立和坚持马克思主义的主导地位，就是要避免僵化的"一元"的绝对主导，是中国主题性绘画创作中有效发挥思想政治教育功能的重要前提。这里强调避免单一的、僵化的"一元"主导内容，不是空喊马克思主义，马克思主义叫我们看问题不要从抽象的定义出发，而是以具体的、发展的、变化的眼光看马克思主义。坚持马克思主义的"一元"主导，首先，要明确"要抓好文艺队伍的思想政治教育，加强正面引导力度，用马克思主义唯物史观和文艺观指导创作实践和文艺工作，不断增强文艺工作者自身的职业精神和职业道德，将广大文艺工作者的创造力凝聚到为建设社会主义先进文化作贡献上来"②。其次，坚持马克思主义的"一元"主导，要与国家文化发展现实相联系，推进

---

① 习近平：《在文艺工作座谈会上的重要讲话》，《人民日报》2015年10月15日第1版。

② 《习近平总书记在文艺工作座谈会上的重要讲话学习读本》，学习出版社2015年版，第127页。

马克思主义的中国化、时代化、大众化，用新时代中国特色社会主义思想指导艺术实践，确保中国主题性绘画发展的方向正确。总之，明确什么是坚持马克思主义"一元"主导地位，是明确中国主题性绘画创作的主要方向和发挥思想政治教育功能的前提保证。

第二，马克思主义文艺观是马克思主义思想的重要组成部分，坚持一元指导就是坚持马克思主义思想理论下的马克思主义文艺观的指导。

马克思主义文艺观的内核是："为无产阶级和劳动群众赢得历史上应有的文学地位和美学权力。倘若换一种说法，似乎也可以说为最广大的人民群众提供文艺和审美上自由与解放的理论武器。"① "一切排斥、反对、丑化无产阶级和劳动群众应有的文艺地位和美学权力的文艺观，都是非马克思主义的。"② 可见这些文艺理论是以马克思主义思想为指导，吸收了经典马克思主义、西方马克思主义、中国传统艺术理论和西方艺术理论的思想资源，构建中国特色的马克思主义艺术理论体系，成为指导文艺创作并发挥其重要作用的思想理论基石。首先，坚持马克思主义文艺理论的"一元"主导地位是持续性的。从新民主主义革命开始，美术工作者通过革命画宣传党的思想，配合前线战斗，成为团结人民、教育人民、打击敌人、消灭敌人的重要武器，成为推动革命成功的一股重要力量。改革开放以来，为满足人民日益增长的精神文化需求，促进人民精神文化素质的提升，中国主题性绘画坚持以马克思主义文艺观为指导思想，解决文化艺术创作生产和消费过程中出现的多种问题，实现了经济效益和社会效益共赢，促进了中国主题性绘画良性的可持续发展。其次，坚持马克思主义文艺观"一元"主导是灵活性的。就是要坚持"一元"主导地位的指导下，遵循"百花齐放，百家争鸣"的"双百"方针，使文艺创作各具风格、各具特色，形成"众星拱月"的发展态势，使得马克思主义文艺观具有强大生命力。

第三，进入新时代以来，习近平总书记《在文艺工作座谈会上的重

---

① 董学文：《马克思主义文艺理论的内核是什么？》，《马克思主义文艺理论论坛》2014年第1期。

② 宋建林、陈飞龙：《中国马克思主义艺术理论发展史》，生活·读书·新知三联书店2011年版，第275页。

要讲话》，是马克思主义文艺观中国化的理论成果，也是马克思主义文艺观的新发展和新境界。

就当前文艺创作出现的不良现象，习近平总书记科学分析了文艺领域面临的新形势、新情况、新问题，提出："坚持以马克思主义文艺理论为指导……运用历史的、人民的、艺术的、美学的观点评判和鉴赏作品。"① 首先，党的领导是社会主义文艺发展的根本保证，"中国共产党是一切事业的领导核心，是社会主义事业胜利前进的根本保证，也是社会主义文艺事业发展繁荣的根本保证"②。贯彻好党的文艺方针政策，把握好文艺发展的正确方向。当前，我国进入改革开放和现代化建设的关键时期，文艺发展进入新的阶段，热点难点问题不断出现，那么如何实现社会主义文艺的繁荣发展，必须坚持党对文艺工作的领导。其次，坚持党管人才、党管文艺队伍建设的原则就要抓好文艺队伍的思想政治教育，加强正面引导力度，用马克思主义唯物史观和文艺观指导创作实践和文艺工作，更要加强青年文艺人才队伍建设，对符合优秀青年文艺人才培养条件的人员，有重点地予以推荐和选拔培养。综上所述，习近平总书记在文艺工作座谈会上的讲话中所提出的坚持党对社会主义文艺的领导，就是坚持马克思主义思想"一元"指导，是发展文艺、领导文艺、推动社会主义文艺事业繁荣发展的思想指南，也是中国主题性绘画创作发展的指导思想。

二 两个"需要"

进入新时代以来，习近平总书记在有关文艺系列的重要讲话中，多次强调人民是文艺创作的源头，把满足人民精神文化需求作为文艺创作的出发点和落脚点，这一重要论述从历史唯物主义角度深刻揭示出了人民与文艺的关系。从中国主题性绘画的思想政治教育育人功能中的人民性特征来看，要优化中国主题性绘画的思想政治教育育人功能就需要坚持"两个需要"，即创作主体既要懂得人民需要文艺，同时也要时刻明确文

---

① 《习近平总书记在文艺工作座谈会上的重要讲话学习读本》，学习出版社 2015 年版，第 127 页。

② 陈红军：《新时代的文艺观——学习党的十九大精神》，《人民周刊》2017 年第 23 期。

艺需要人民。一方面，文艺能够给人民带来审美享受、愉悦精神和启迪思想，成为满足人民精神生活需求的重要途径；另一方面，人民是文艺创作的来源，如果文艺一旦脱离人民群众，再有个性的艺术作品也会失去价值。

1. 人民需要文艺

文艺是人民生活的精神食粮，能够给人带来审美的享受、精神的愉悦和思想启迪。参与艺术欣赏、参加艺术活动是人民满足精神生活需求的重要途径。可见，习近平总书记的这一重要论述指出人民需要文艺来满足自身的精神文化需求。

首先，人民需要文艺，这是中国革命和艺术实践证明的一条真理。在革命战争年代，毛泽东同志就曾讲过，文化战线是战胜敌人不可缺少的重要力量。"文艺很好地成为整个革命机器的一个组成部分，作为团结人民、教育人民、打击敌人、消灭敌人的有力武器，帮助人民同心同德地和敌人作斗争。"历史发展到今天，满足人民日益增长的美好生活需要，是新时代中国特色社会主义文艺的根本要求和努力方向。正确认识和把握我国社会主义矛盾的新变化，是推进新时代中国特色社会主义现代化伟大事业的重要前提，也是新时代党的文艺工作围绕中心、服务大局、推动社会主义文艺事业繁荣兴盛的重要基础。人民日益增长的美好生活需要，不仅仅是物质文明方面的需要，也包括精神文明的需要。通过文艺来塑造人民美好的精神家园，就是满足人民对文艺的需求，因为文艺可以帮助人民"举精神之旗、立精神之柱、建精神家园"①。通过形象、直观的中国主题性绘画作品来传播社会主义核心价值观，唱响爱国主义主旋律、塑造时代品格、提升民族精神、引领社会风尚，成为人民安顿精神的栖息地和滋养民族精神的沃土，是新时代文艺创作者的新使命。

其次，人民需要文艺，因为文艺是人民当下生活的集中反映。依据前文所述，中国主题性绘画的思想政治教育育人功能的特征具有时代性，以及新时代中国主题性绘画育人理念应积极反映人民生活，把日常

---

① 《习近平总书记在文艺工作座谈会上的重要讲话学习读本》，学习出版社 2015 年版，第 15 页。

的现象集中起来，将其中的矛盾和斗争典型化，经过创作主体的艺术加工，体现时代精神，给人以力量，鼓舞人民前进，满足人民的精神生活需要。如战争年代，人民需要艺术家将张思德、刘胡兰、董存瑞等这样的英雄人物和事迹通过形象的艺术作品展现在人民面前，讴歌英雄，弘扬正气。新时代，文艺工作者要通过艺术创作积极反映人民生活，表现社会主义时代新人，讴歌人民群众的创造能力和开拓精神，提高人民的审美品位和人文情怀，提升人民的道德理想和精神境界，强化人民追求真善美的自觉意识。

最后，人民需要文艺，因为文艺能够满足人民多层次和多样性需求。第一，人民对文艺的多层次需求是受文化层次、收入水平等因素制约的，人民对文艺需求还处在不同的层次上，存在雅俗之分。高雅的作品和喜闻乐见的通俗作品，都有大量的受众群体，这是一种客观存在。高雅作品由于具有较高的艺术品位和专业性而被人民所青睐；通俗的作品主要特点是娱乐性，通常被现代快节奏生活方式的人群所接受。因此，"雅俗共赏是衡量一部作品与人民审美契合程度的重要标准，雅俗共存是形成健康文艺生态的基本条件，是人民多层次精神文化需求的合理体现"①。第二，能够满足人民对文艺的多样性需求。现在，人民群众对文艺的需求已经从过去的"大众化"消费，转为个性化、多样化消费，不同的艺术样态被不同的接受群体所青睐。比如中国主题性绘画创作，既要有反映历史发展和民族精神的国家大型历史题材创作，又要有表现美好情怀、细腻清新的涓涓细流，既要有体现地域性、民族性的艺术创作，还要有现代都市气息的艺术创作，这就使作品在创作形式、题材、风格和手法上百花齐放，满足多层次人民群众的需求。

2. 文艺需要人民

邓小平同志指出："人民是文艺工作者的母亲。一切进步文艺工作者的艺术生命，就在于他们同人民之间的血肉联系。忘记、忽略或是隔断这种联系，艺术生命就会枯竭。人民需要艺术，艺术更需要人民。"

---

① 《习近平总书记在文艺工作座谈会上的重要讲话学习读本》，学习出版社 2015 年版，第 64 页。

习近平总书记在文艺工作座谈会上的讲话中也指出，"人民是文艺创作的源头活水，一旦离开人民，文艺就会变成无根的浮萍、无病的呻吟、无魂的躯壳"①。这深刻揭示出人民和文艺的关系中人民对于文艺创作和发展的重要性，文艺创作者既要懂得人民需要文艺，更要时刻铭记文艺需要人民，解决好"为了谁、依靠谁、我是谁"这个问题，从人民群众创造的智慧中产生灵感，在创作中既要贴近人民群众的真实生活，又要贴近人民群众共同追求的美好生活，以人民的需求来确认自觉的价值。由此可见，要深入基层、深入群众、深入生活，从人民群众的历史创造中汲取营养，充实自己，提高自觉。如果脱离实际、脱离群众，是拿不出好作品的，也做不好宣传思想工作。

首先，从创作源泉来看，文艺更需要人民。文艺创作的源泉是社会生活，而人民大众是社会生活的主体，脱离以人民群众为主体的社会生活，而热衷于描写空洞的情绪、琐碎的片段，这样的文艺创作最终将成为"无魂躯壳"和"无根浮萍"。列宁曾说："艺术是属于人民的。它必须在广大劳动群众的底层有其最深厚的根基。它必须为这些群众所了解和爱好。它必须结合这些群众的感情、思想和意志，并提高他们。它必须在群众中间唤起艺术家，并使他们得到发展。"② 文艺要实现育人，首先必须从人民那里汲取营养，用人民创作历史的奋发精神来哺育自己，深入人民生活中去，观察、体验、研究和分析，然后进入艺术创作，最终才能教育人民。所以在文艺创作上取得突出成就的文艺工作者，无不视人民为艺术创作的源泉。例如蒋兆和的国画代表作品《流民图》，作于民族灾难空前深重的抗日战争时期，作品以敌占区受压迫的老百姓为创作对象，以宏大、悲怆和浑厚有力的笔触表达对战争的愤怒和对中国人民的同情，呼唤正义与和平。蒋兆和的绘画创作说明，优秀的艺术作品永远离不开人民生活，文艺更需要人民。

其次，从文艺生存发展来看，文艺更需要人民。改革开放以来，文艺在市场经济驱动下，文艺创作脱离经济、脱离市场是不现实的。何种

---

① 《习近平总书记在文艺工作座谈会上的重要讲话学习读本》，学习出版社 2015 年版，第 17 页。

② 《列宁论文学与艺术》，人民文学出版社 1960 年版，第 912—913 页。

形式的艺术作品都要接受社会的检验，只有进入流通领域，经受市场竞争的考验，才能成为"市场的文艺"。因为人民群众是市场经济实践的主体，文艺要争取市场，首先必须取得人民群众的认可，如果人民群众不接受，文艺创作就很难赢得市场，更谈不上文艺的发展与繁荣。有的艺术家感慨"曲高和寡"，抱怨社会、市场经济和群众，不从自己的创作思想上找原因，不反思自己的作品是否脱离群众、游离于时代，更有甚者指责群众是"下里巴人"层次低、素质差，看不懂自己的"阳春白雪"，这样的文艺工作者就很难找到生存的土壤。因此，文艺要想生存发展，就必须解决好"为了谁、依靠谁、我是谁"这个问题。

最后，从实现价值引领来看，文艺更需要人民。文艺要实现自身的价值、为人民群众所接受，必须同人民这一接受群体建立联系。文艺是对现实生活的审美反映，文艺的价值则是对现实生活的反作用，通过作品影响人民群众的精神世界，再通过人民群众的实践作用于现实，推动社会历史前进，从而发挥文艺"反作用于现实"的价值功能。具体来说，通过文艺创作所发挥的价值引领，可以坚定人民对于未来美好生活的信念，坚定人民对共产党领导的信心，从而构建人民共同的价值理想。要实现这一价值引领，文艺作品必须反映人民群众的真实生活，让人民感觉到是在描写"自己的生活"，从而引起大众情感共鸣，才能起到宣传教育作用。如在人民论坛问卷中心所做的"公众对文艺发展有哪些新期待"的调查中，调查对象更喜欢与自身生活所处环境紧密相关的文艺作品。可见，只有了解和熟知人民，创作出人民满意的作品才具有价值引领功能。

总之，中国主题性绘画的思想政治教育育人功能的优化理念，需要坚持两个"需要"，即人民需要文艺，文艺需要人民。文艺工作者必须真正从深层次上认识到，人民群众是文艺工作者的母亲，必须不断深入生活，深入群众，向人民群众学习，将自己的艺术实践与人民群众的生活实践紧密联系在一起，创作出符合时代要求，表达人民生活，反映主流文化的精品力作，才能发挥新时代中国主题性绘画的育人功能。

三 三个"坚持"

习近平总书记在党的十九大报告中，关于繁荣发展社会主义文艺方面，明确提出："要繁荣文艺创作，坚持思想精深、艺术精湛、制作精良相统一，加强现实题材创作，不断推出讴歌党、讴歌祖国、讴歌人民、讴歌英雄的精品力作。发扬学术民主、艺术民主，提升文艺原创力，推动文艺创新。"① 这一论述深刻阐明了推动文艺繁荣发展的工作着力点，明确提出了文艺工作和文艺工作者的中心任务就是要多出精品力作，做到三个"坚持"：坚持创新精神贯穿中国主题性绘画的创作生产全过程；坚持创作生产优秀作品鼓舞人民；坚持以唱响爱国主义教育为主旋律，极大限度地发挥中国主题性绘画引领人、教育人的作用。

1. 坚持创新精神贯穿中国主题性绘画的创作生产全过程

所谓"创新"，就是在求异的情况下，发现前所未有的规律，发明前所未用的技术，实施前所未有的举措，创造前所未见的事物。创新是一个民族的灵魂，是一个国家兴旺发达的不竭动力。艺术创作同样要体现创新精神。习近平总书记指出："创新是文艺的生命，要把创新精神贯穿文艺创作生产的全过程，增强文艺原创能力。"② 创作出更多优秀作品，提高我国的文化软实力，是这个时代对文艺创作的新期待。

首先，坚持原创能力。习近平总书记在党的十九大报告中提出："发扬学术民主、艺术民主，提升文艺原创力，推动文艺创新。"艺术要发展，需要坚持文艺原创力。提升文艺原创力，自觉创新、大胆创新，是一切优秀文艺工作者的共同特点，同时文艺的原创力是与时俱进的基本元素。美国诗人埃兹拉·庞德曾写道："艺术家总在创新。任何不是创造、发明、发现的作品都没多少价值。"这说明艺术的独创性和原创力极其重要。原创能力是思想的解放、想象的放飞，是创作主体独立观察、独立思考、不懈地进行审美发现和艺术创造的魄力和实力。如果艺术作品缺乏原创，因袭旧题、挪用素材、模仿技巧，那将失去生命力，只有通过原创，才能赋予作品与众不同的艺术魅力，体现卓然不同的时代艺术价值。同样，对于一个国家、一个民族来说，只有重视原创、提升原

---

① 习近平：《决胜全面建成小康社会　夺取新时代中国特色社会主义伟大胜利——在中国共产党第十九次全国代表大会上的报告》，人民出版社 2017 年版，第 43 页。

② 习近平：《在文艺工作座谈会上的重要讲话》，《人民日报》2015 年 10 月 15 日第 1 版。

创能力、推出富有思想和艺术原创性的文艺精品，才能为世界贡献有价值的艺术创作经验，才能在世界文艺的整体格局中产生深远影响。

其次，坚持文艺创新要立足于社会实践，从不同群众的需求中寻求创新。实践是文艺创作创新的重要源泉，文艺工作者应该深入群众、深入实际、深入生活，把源于生活又高于生活的优秀文化作品奉献给广大人民群众，满足人民群众的精神文化需要。群众是一个相对宽泛的概念，由于社会结构的复杂性和多元化，群众也被分为不同的阶层，不同的群众阶层具有不同的文化需求和喜好，因此，文艺创新立足社会实践就要尊重群众的差异性和特殊性。要注意到不同地区发展水平的受众群体人民的精神文化需求不同，不同文化水平的受众群众受教育程度不同，人民的精神层次和追求也就不同。尤其近些年来城市化进程加快，出现了很多新生阶层，尤其是从农村到城市务工的新生代农民工阶层，他们更需要社会广泛关注，因其自身的特殊性，挖掘他们的生活和工作状态，表现其精神风貌是当代中国主题性绘画创作最好的题材选择，例如 2017 年张亮的作品《当代主题性中国画创作研究——为农民工塑像》（见图 5 - 1）获得国家艺术基金青年资助项目，其创作内容是描绘正在高空作业的农民工，是深入群众、深入实际、深入生活的一幅代表性作品。因此，深入群众就是要具体的去贴近不同地区、不同文化程度的人民群众，真正地做到创作灵感"从群众中来"，创作出"到群众中去"的绘画作品，来丰富人民群众的精神文化生活，提升群众的精神文化素质。

最后，坚持大力推动观念、内容、形式、手段的创新。习近平总书记在文艺工作座谈会上指出："文艺创新是观念和手段相结合、内容和形式相融合的深度创新，是各种艺术要素和技术要素的集成，是胸怀和创意的对接。"① 因此推动中国主题性绘画创新，需要从根本上做起，一方面，"提倡体裁、题材、形式、手段充分发展，推动观念、内容、风格、流派切磋互鉴"②。总结以往的创作经验，发现规律性认识，吸

---

① 《习近平总书记在文艺工作座谈会上的重要讲话学习读本》，学习出版社 2015 年版，第 45 页。

② 习近平：《在文艺工作座谈会上的重要讲话》，《人民日报》2015 年 10 月 15 日第 1 版。

图 5 - 1　中国画·张亮《当代主题性中国画创作研究——为农民工塑像》

收前人优秀成果，调整创作观念。另一方面，"要推动传统艺术门类之间互相融合，推动传统艺术形式与现代艺术形式相互借鉴，在文艺样式交会融合中不断有新的探索创新"①。运用新媒体和互联网等高新科技手段，改变原有的创作方式、传播方式、消费方式、表现形式和发展样态，来推动中国主题性绘画的传播和发展。例如 20 世纪 50 年代中期到 60 年代，我国动画艺术家尝试将传统绘画技法与现代美术电影相结合，

---

① 《习近平总书记在文艺工作座谈会上的重要讲话学习读本》，学习出版社 2015 年版，第 46 页。

在水墨画方面找到了突破口，《小蝌蚪找妈妈》《牧笛》《鹿铃》《山水情》等一批水墨动画片横空出世，令人耳目一新，另外《大闹天宫》等一批具有浓郁民族风格的动画片同时涌现，震动国际动画界，被称为动画界的"中国学派"，确立了中国动画电影独树一帜的地位。千百年来，正是因为创新活力不断迸发，新作品层出不穷，新流派不断涌现，作品才更具有鲜活的生命力，成为大家喜闻乐见的经典之作。

2. 坚持创作生产优秀作品鼓舞人民

江泽民在十六大报告中关于文化建设和文化体制改革中提出：文艺工作者要"以优秀的作品鼓舞人"为人民奉献更多无愧于时代的作品。优秀的文艺作品反映着一个国家、一个民族的文化创造能力和水平，是集思想性、知识性、艺术性、观赏性于一体的文化精品，可以最大限度地发挥文化引领社会、教育人民、推动发展的功能。因此，坚持以优秀的作品鼓舞人应该是"神形兼备"的、内容和形式高度统一的作品；优秀作品应该是"久经考验"的，经得起历史检验的作品；优秀作品应该是"享誉海外"的，能向世界讲述"中国故事"、传播"中国声音"的作品。

首先，从作品自身的特性来看，优秀的作品应该是"神形兼备"的，是内容和形式高度统一的。具体来说，中国主题性绘画所承载的价值观念和思想内涵是"神"，是内容的集中体现。优秀的中国主题性绘画作品应该承载着主流意识形态，既坚持马克思主义为"一元"主导和以社会主义核心价值观为主流价值观，又要具备优秀传统文化的思想内涵和被人民大众广泛接受和认同的价值追求，通过强化价值观念和丰富思想内涵来强"神"。而中国主题性绘画的外在宣传形式是"形"，充分利用实体的宣传平台和先进的科技手段来塑"形"，将深刻的文化内核表现出来。实体的宣传平台拥有比其他教育机构更为独特的艺术品教育资源，例如美术馆、少年宫、群众艺术馆和历史博物馆等公共设施，参观人数具有较强的流动性，教育互动的效果更加突出。此外，互联网、微信、微博等先进的科技成为新媒体时代宣传中国主题性绘画的重要手段，更有利于实现育人效果。因此，强"神"和塑"形"相结合，达到"神形兼备"，也是优秀中国主题性绘画应具备的基本特质。

其次，从历史文化发展的角度来看，优秀的作品应该经得起历史的考验，反映本阶级的根本利益和要求。优秀的艺术作品应经得起历史的考验，无论历史如何发展，它依旧受到广大人民群众的喜爱，依旧能给人民群众带来精神上的震撼和触动；同时又经得起市场竞争的考验，无论有什么新生代文化产品出现，它在市场经济作用下依旧占领一席之地，实现经济收益。因此，优秀的艺术作品既要经得起历史的考验，又要符合市场规律，实现社会效益和经济效益"双赢"，也是优秀中国主题性绘画应具备的重要特质。

最后，从传播广度的角度来看，优秀的作品应该是"享誉海外"的，能向世界展现中国特色、中国风格、中国气派，反映民族精神和时代精神。优秀的中国主题性绘画一是要对中国精神做出阐发，创造性转化和创新性发展中华优秀传统文化，既是要推动民族文化创新，实现民族文化向现代化的转换，同时也要继承革命文化，发展社会主义先进文化，努力创作出具有中国特色的优秀作品；二是要打造体现中国元素和中国精神的世界优秀作品，形成具有独具特色的中国符号和国际气派，同时也要积极了解国际市场的发展变化，准确把握运行规则，满足市场需求，增强中国文化竞争力。因此，既有中国元素又"享誉海外"是优秀中国主题性绘画应具备的根本特质。

3. 坚持以唱响爱国主义教育为主旋律

"爱国主义是人民忠诚、爱国、报效祖国的一种思想、情感和意志于一体的社会意识形态。爱国主义教育是思想政治教育的重要内容，是提高全民族整体素质、增强民族凝聚力的基础工作。"[①] 与思想政治教育相比，中国主题性绘画在中国革命、建设和改革开放的历史进程中，同样通过美术作品进行爱国主义教育，因此二者都坚持以爱国主义教育为内容，通过中国主题性绘画的思想政治教育进行爱国主义优良传统教育，弘扬和培育广大人民群众的民族精神和爱国报国情怀。

首先，坚持爱国主义教育可以弘扬和培育民族精神。爱国主义教育是中国主题性绘画创作的主旋律，同时也是思想政治教育常写常新的主题。"爱国主义是民族精神的核心。高举爱国主义精神，是最大限度地

---

① 郑永廷：《思想政治教育学原理》，高等教育出版社 2016 年版，第 195 页。

凝聚和动员全民族的力量为振兴中华而奋斗的必然要求。"① 因此，所有的中国主题性绘画几乎都蕴含着以爱国主义为核心的民族精神。表现中国革命重大历史事件的作品，如董希文的油画《开国大典》，陈逸飞、魏景山合作的油画《占领总统府》，莫朴的油画《南昌起义》，王盛烈的国画《八女投江》等，还包括改革开放以来描绘中国发展新面貌的作品，如艾民有、张庆涛合作的油画《检阅》，高庆荣的油画《圆梦天宫》等，这些作品都是体现民族精神的代表作品。中国主题性绘画创作坚持以爱国主义为核心的民族精神塑造人的重要使命，就要处理好精神承载和人民大众接受之间的关系。第一，要尊重历史事实，艺术工作者不能随意虚构，杜绝去历史化，遵循历史事实，秉持"史为体，文为用"的创作理念，传播给人民以正确的历史知识。第二，了解人民群众的喜好，尝试各种有助于吸引大众的方式方法，大胆运用互联网和新媒体等高科技手段，力求实现社会效益和经济效益的双赢。如网民在互联网上把中国称为"兔子"，这一词最早出现在新民主主义倾向的网络军事与国际论坛上，如"铁血"、天涯社区的"国际观察"等。2011年网络漫画《那年那兔那些事儿》（见图5-2、图5-3）在互联网广为流传，漫画内容主要是通过兔子、大白象、猴子、河马等动物，来诠释中国新民主主义革命时期和新中国成立以后的一系列重大事件，画风诙谐幽默，形象呆萌可爱，兼具娱乐与教育功能，在各大视频网站播放后，受到广大网民的喜爱。"兔子"象征着中国人民解放军以及怀有爱国之心的中国人，正如漫画中所说"每一个兔子都有一个大国梦"。如今越来越多的网民称中国为"我兔"或者"兔子"，表达着一种更为普遍、更为强烈的爱国情怀，它不仅是官方话语与网络语言的共同产物，更是"主旋律"和"萌文化"的双面体。由此可见，网络漫画《那年那兔那些事儿》所表现的内容与国家倡导的爱国主义精神高度一致，在形式上它的表达方式也更加亲民，也更容易被大众所接受，引起网民的热情追捧。

---

① 王德义、陈向阳：《论文化建设——重要论述摘编学习读本》，人民日报出版社2012年版，第43页。

图 5 - 2　漫画《那年那兔那些事儿》①

图 5 - 3　漫画《那年那兔那些事儿》

　　注：《那年那兔那些事儿》是"主题性"与"萌文化"相结合的爱国主义题材漫画作品，表现中国近现代历史特别是中华人民共和国成立之前及成立以来的一些军事和外交的重大事件。"兔子"代表人民解放军，表达一种强烈的爱国情怀，作品诙谐幽默，形象呆萌可爱，具有亲民特点，兼具娱乐和教育功能。

---

　　① 《那年那兔那事儿》，2017 年 3 月，爱奇艺网（http://i0. hdslb. com/bfs/archive/606a6e786e1ce5cee3ca79114efa0386f73423d0. jpg）。

其次，坚持爱国主义教育可以培养爱国报国情怀。每个时代都有爱国表现，每个时代都有民族精神。在风雨如晦的战争年代，推翻"三座大山"，勇于投身革命，保家卫国，是最浓烈、最炽热的爱国主义。如抗日战争时期的革命画，通过形象的艺术语言，表达抗日战争民众的决心和毅力，充分调动大众的爱国热情，为民族解放和自由而夺取最后的胜利。例如《愚公移山》是徐悲鸿 1940 年投入最大热情，倾注最多心血的作品之一，极具现实意义。在一个生死存亡的年代，徐悲鸿与当时许多中国艺术家和思想家一样，在救亡图存的时代主题下，饱含着爱国主义的情怀，至今教育人民，为当今来之不易的政治稳定和社会和谐提供历史印证。在社会主义革命和建设时期，全民投入祖国建设，艰苦奋斗，为人民无私奉献，是时代的爱国主义"主旋律"。延生、侯杰的作品《千秋功罪，我们评说》，歌颂我国日新月异的社会主义革命和建设的大好形势，反映阶级斗争和路线斗争的重大题材，具有鲜明的爱国主义热情。进入改革开放以来，爱国主义有了更加深刻的内涵，在改革中探索进取，科技创新日新月异，平凡岗位无私奉献，都聚焦于和平时期的各行各业的劳动者身上，都是爱国主义的表现。大型中国主题性绘画作品《习仲勋在南梁》（见图 5-4），画作描绘的是国民党统治时期，在陕甘宁建立的第一个苏维埃政府（又称"南梁政府"），画面描绘苏维埃政府主席习仲勋同军民在一起的场面，在艰苦卓绝的斗争实践中共同奋斗孕育了伟大的"南梁精神"，洋溢着昂扬奋发的爱国激情。作者陈延说创作《习仲勋在南梁》中的群像人物几乎都以生活中的原型进行创作，因此"南梁精神"借助美术创作的形式，穿越时空，将"南梁精神"和南粤"一画牵"，传达了一种积极向上、不断前行、不忘初心的爱国主义情怀，鼓舞人心。

图 5 - 4　中国画·陈延《习仲勋在南梁》①

注：坚持以爱国主义教育为中国主题性绘画创作的主旋律，是教育人民树立和坚持正确价值观的有力"教科书"。

综上所述，优化中国主题性绘画的思想政治教育育人功能需要坚持以爱国主义教育为主旋律，旗帜鲜明地纠正不良文艺和狭隘的民族主义倾向，抵制文化浊流，反对"去中国化""去主流化"的思潮，抵制历史虚无主义思潮，教育人民树立和坚持正确的历史观、民族观、国家观和文化观。

四　"四以"要求

中国主题性绘画百年发展至今始终通过鲜明的主题创作，及时反映各行各业先进人物的事迹，运用直观的艺术形式，传达党的新时代中国特色社会主义思想，帮助人民抵御各种社会思潮的错误引导。但伴随中外文化的频繁交流，西方各种文化思潮涌入中国，导致盲目跟风、以丑为美、恶意宣泄的不良艺术思潮给中国主题性绘画创作育人功效带来挑

① 陈延：《习仲勋在南梁》，2017 年 8 月，腾讯网（http：//inews. gtimg. com/newsapp_bt/0/1897763942/641. jpg）。

战，在此背景下，中国主题性绘画的思想政治教育育人功能要实现延展与强化，就必须在指导思想上做到"四以"要求：要求以高扬社会主义核心价值观为旗帜，以传承和弘扬革命文化为内容，以重视文艺批评工作为重要力量和以符合时代精神发展为风向标。

1. 以高扬社会主义核心价值观为旗帜

"任何一种社会制度都有它的核心价值观，核心价值观是一个社会中居于统治地位、起支配作用的核心理念，是一个社会制度长期普遍遵循的相对稳定的根本价值准则。社会主义核心价值观是社会主义精神和价值体系中最根本、最重要的和最集中的价值内核，它的成型和系统化，必将成为人们共同遵循和维护的行为准则，潜入人们的思想和心灵深处，进而作为人们的价值传统和文化精神长期稳定下来，发挥代代相传的价值传递效用。"① 可见，社会主义核心价值观是人民共同遵守的价值内核与行为准则，是社会主义价值传统与精神文化继承及传扬的载体，更是教育教化社会大众的核心理念与根本价值。2014 年习近平总书记在文艺工作座谈会上提出，"核心价值观是一个民族赖以维系的精神纽带，是一个国家共同的思想道德基础"，"文艺在培育和弘扬社会主义核心价值观方面具有独特作用"②。文艺作为我国社会主义核心价值观传播载体具有十分重要的作用，而中国主题性绘画作为文艺的重要组成部分，其目的在于教育教化，实现人的自由全面发展，进而促进社会主义精神文明建设，助力于社会主义建设与共产主义理想的实现，其思想政治教育育人功能的发挥也必须高扬社会主义核心价值观旗帜。

"社会主义核心价值观是当代中国精神的集中体现，凝结着全体人民共同的价值追求"③，蕴含着倡导富强、民主、文明等思想，中国主题性绘画的思想政治教育育人功能的发挥也正是要将这些思想价值广泛传播，进而形成国家富强发展、社会稳定和谐、人民安定幸福的良好局

---

① 黄蓉生、白显良：《提炼社会主义核心价值观若干问题思考》，《思想理论教育》2011年第 3 期。

② 习近平：《在文艺工作座谈会上的重要讲话》，《人民日报》2015 年 10 月 15 日第1 版。

③ 习近平：《决胜全面建成小康社会　夺取新时代中国特色社会主义伟大胜利——在中国共产党第十九次全国代表大会上的报告》，人民出版社 2017 年版，第 42 页。

面。中国主题性绘画旨在弘扬国家意志、宣传主流价值、讴歌人性人生，作为党和国家统领下的思想政治教育重要宣传工具，它的价值核心也必然遵从社会主义核心价值观的引领。

首先，在核心价值观传播视域下进行艺术创作必须坚持马克思主义文艺观的理论指导。马克思主义是我国社会主义建设与国家发展的核心指导思想，是核心价值观的重要内容，而马克思主义文艺观是马克思主义思想的重要组成部分，坚持马克思主义文艺观指导能够确保中国主题性绘画创作的正确发展方向，保证作品的文化内涵和艺术内涵，"只有牢固树立马克思主义文艺观，真正做到了以人民为中心，文艺才能发挥最大正能量"①。因此，我国应加强对马克思主义文艺理论的宣传和教育，强化创作主体对马克思主义文艺理论的学习，完善创作主体的马克思主义理论知识结构，坚持在马克思主义文艺理论的指导下进行艺术创作。不断丰富马克思文艺观的内涵，开展马克思主义文艺理论研究，提供强大学理支撑，确保艺术理论对艺术创作的科学指导，使创作主体能够在核心价值观的传播视域下进行艺术创作。

其次，中国主题性绘画进行思想政治教育育人过程中，将核心价值观融入中国主题性绘画创作中。通过文化艺术的宣传方式，实现社会主义核心价值观的大众化传播，这就要求中国主题性绘画的定位与创作的过程之中融合社会主义核心价值观的基本思想，将其与叙事过程、艺术风格有机地融合在一起，凸现艺术价值，彰显审美内涵，提高广大接受者的思想高度。中华优秀的民族精神以及民族文化的传承造就了社会主义核心价值观，它作为中华民族的核心理念早已融入华夏儿女的血液，但由于社会转型期各种社会思潮的影响，物质利益的诱惑，市场的不良导向等，一些优良品质逐渐被相当一部分人忽视与遗忘，而中国主题性绘画通过革命历史的再现、社会道德的彰显、纯良人性的抒写，唤起了广大受众的道德觉醒与集体记忆，进而成为弘扬社会主义核心价值观的重要工具。中国主题性绘画的创作主体只有按照社会主义核心价值观的

---

① 习近平：《在文艺工作座谈会上的重要讲话》，《人民日报》2015 年 10 月 15 日第1 版。

引领，将艺术的社会功效放置到较高的维度，才能创作出符合社会主义发展、契合精神文明建设需要的中国主题性绘画作品，进而促进社会主义核心价值观系统化、大众化建设的实现。

最后，中国主题性绘画的思想政治教育育人功能的延展突破应着力创新社会主义核心价值观的传播载体与宣传方式。中国主题性绘画从监管主体、创作主体到接受群体的过程中，需要以各种传播方式和宣传工具作为媒介与载体，中国主题性绘画如果不能实现广泛传播，自然会降低其育人功效，主流价值观念和核心价值理念也不会自发传递给社会大众，它需要有效的传播途径和优良的传播载体，才能走进接受者的内心，进而外化于行。因此，中国主题性绘画的宣传与推广对于社会主义核心价值观的传达至关重要，具体来说，在创作层面创作主体应在核心价值观的指导下积极丰富艺术表达形式，批判地继承我国传统的艺术思想和艺术内涵，赋予我国传统艺术以新的、符合时代发展的内涵，"要润物细无声，运用各类文化形式，生动具体地表现社会主义核心价值观，用高质量高水平的作品形象地告诉人们什么是真善美，什么是假恶丑，什么是值得肯定和赞扬的，什么是必须反对和否定的"①。同时，选取更加贴近人民生活的主题元素，不断提升中国主题性绘画的价值魅力，推出更多优秀的主旋律作品。此外，监管主体应重视优秀艺术作品对核心价值观传播的促进作用，积极拓宽传播途径，利用先进技术与传播手段，并通过公共基础设施、网络宣传等将优秀的艺术作品传播到社会大众之中，来扩大中国主题性绘画的影响面，加强接受者对优秀艺术作品的了解，进而将其蕴含的社会主义核心价值观在最大范围内宣传与推广。

2. 以传承和弘扬革命文化为内容

习近平总书记在党的十九大报告中指出，要加强和改进思想政治工作，并多次指出中国革命历史是思想政治教育最好的营养剂。以革命历史人物和事件为表现对象的革命美术作品，直观形象且富有感染力，极大地增强了革命历史人物和事件的生动性和革命文化教育的持久力，是

---

① 《习近平谈治国理政》，外文出版社 2014 年版，第 165 页。

思想政治教育的优质资源。

革命优良传统和革命精神教育是马克思主义理论教育的重要内容。革命是中国近代历史发展的主线，所孕育出的革命文化，根源于马克思主义理论，特别是马克思主义革命文化思想和马克思主义文艺思想，是中国道路、中国理论以及中国制度发展的深厚土壤，是中国社会发展中不可或缺的优秀基因，不仅是中华优秀传统文化的继承和发扬，同时也是社会主义先进文化建设的红色基因，传承和弘扬革命文化是文化自信的基本要求。革命文化是马克思主义与中国本土文化碰撞、融合、创新之后的文化形态，是中国共产党和中国人民在长期的革命斗争实践中形成的，助推了中国革命的胜利，凝聚着共产党人和革命群众独特思想和精神风貌的文化，蕴含着丰富的革命精神和厚重的历史文化内涵和精神标识，是被革命群众认同并且践行的文化观念。它植根于中华优秀传统文化，成为社会主义先进文化的直接来源。革命文化教育是由革命、文化、教育三个属性组成，革命是革命文化教育的本质属性，文化是革命文化教育的文化属性，教育是革命文化教育的教育属性，三种属性同构互成，三者同时产生作用，才能提高革命文化教育的有效性。而中国主题性绘画是通过艺术作品的革命性、宣传性、叙事性以及纪实性的本质属性来再现战斗岁月中的革命精神，运用一切艺术形式塑造典型、鲜明、生动、优美的艺术形象，让受教育者认识历史、认清现实、认识真理，培养人民强烈的历史使命感和社会责任感，继承和发扬革命文化教育。革命历史博物馆和美术馆里的绘画以及烈士陵园里的雕塑一直都是学校革命传统教育的生动案例。在新时代，红色旅游胜地纪念雕塑的盛行以及各种革命重大历史题材工程的兴起，是国家重视革命美术作品育人功能的重要体现。作为思想政治教育重要资源的革命美术作品，在中国特色社会主义文化建设中正被赋予新的内涵，发挥新的功效。

革命文化教育在不同的历史时期，因创作环境和解读角度的差异，具有不同的思想内涵，相应地会产生不同的育人效果，但都强调宣传革命文化、革命理想、弘扬主旋律和传播正能量。例如在革命战争时期，宣传救亡图存的革命理念得到发展壮大。新中国成立初期，我国政治、经济、文化处于建设和探索时期，革命美术作品受到重点关注和扶持并获得极大发展。进入改革开放新时期以来，国家更加重视当代革命现实主义绘画和重大历史题材创作，中宣部通过确立专项创作项目以及国家艺术基金的重点扶持，艺术创作者依据个人的理解重构革命文化美学进行美术创作，提升了革命美术的影响力，起到宣传革命文化，教育大众的作用。例如《遵义会议》《南京受降》《攻克锦州》等，都反映了老一辈革命家和人民子弟兵为了国家的前途命运做出的巨大努力，重燃人民对革命英雄主义的敬仰，激发人民的爱国情怀和革命文化自信。

3. 以重视文艺批评工作为重要力量

中国主题性绘画育人功能的发挥要以正确的文艺批评工作为重要力量，准确把握形势，增强全局观念，坚持宣传好党的路线、方针、政策，形成正面的文艺批评强势。"马克思主义的文艺批评是无产阶级领导文艺的方法之一，是文艺战线进行斗争的方法之一，也是促进文艺繁荣发展的方法之一。"① 毛泽东《在延安文艺座谈会上的讲话》中提出："文艺批评有两个标准，一个是政治标准，一个是艺术标准。我们的批评，也应该容许各种各色艺术品自由竞争；但是按照艺术科学的标准给以正确的批判，使较低级的艺术逐渐提高成为较高级的艺术，使不适合广大群众斗争要求的艺术改变到适合广大群众斗争要求的艺术。"邓小平在中国文学艺术工作者第四次代表大会的祝词中提出："要运用文艺创作，同意识形态领域的其他工作紧密配合，造成全社会范围的强大舆论，引导人民提高觉悟。"江泽民强调："舆论导向正确，是党和人民之福；舆论导向错误，是党和人民之祸。"胡锦涛强调："舆论引导正确，利党利国利民；舆论错误，误党误国误民。"习近平总书记关于文艺工作的多次讲话中，就文艺评论工作提出了具有针对性的意见并指出："文艺批评是文艺创作的一面镜子、一剂良药，是引导创作、多出精品、提高审美、引领风尚的重要力量。"可见，文艺批评对中国主题

① 陆贵山、周忠厚：《马克思主义文艺论著选讲》，中国人民大学出版社 2012 年版，第323 页。

性绘画创作起到了至关重要的指导和引领作用。

　　首先，文艺批评是有效引导文艺创作的重要力量。新时代文艺要满足人民对美好生活的需要，必须在文艺评论上坚持人民满意的标准。文艺批评是在市场经济中对不良文艺舆论进行分析、研究、评价、判断的科学活动，成为指导中国主题性绘画创作更好地发挥育人功效的重要力量。近些年来的文艺批评开展不彻底、不深入，很多批评文章不是实事求是地介绍作品，而是一窝蜂地庸俗捧场，导致内容健康、具有艺术魅力的作品得不到应有的宣扬，发挥不了社会舆论作用，而那些粗制滥造、格调低下、倾向不好的作品得不到否定。鉴于此，习近平总书记在召开全国宣传思想工作会议上指出："必须坚持巩固壮大主流思想舆论，弘扬主旋律，传播正能量，激发全社会团结奋进的强大力量。只有坚持团结稳定鼓劲、正面宣传为主，才能不断巩固和壮大主流思想舆论，弘扬社会主义核心价值观。"因此，通过摆事实、讲道理的方式开展文艺批评，可以更好地实现文艺的社会舆论作用。

　　其次，文艺批评更好地发挥引导中国主题性绘画育人功能，应把人民视为文艺批评者和评判者（见图5-5、图5-6），否则就会成为自娱自乐的"艺术游戏"。马克思指出："人民历来就是什么样的作者'够资格'和什么样的作者'不够资格'的唯一判断者。"[①] 习近平总书记在关于文艺工作的重要讲话中明确提出"以为人民不懂得文艺，以为大众是'下里巴人'，以为面向群众创作不上档次，这些观念都是不正确的"，"把人民作为文艺审美的鉴赏家和评判者"。人民评判的首要地位，决定了社会主义文艺必须尊重群众的审美需求，自觉接受群众的检验，把人民群众作为鉴赏和评价最终的接受群体。就当前文艺市场的现状来看，对于有害的文艺作品和文艺现象的评论依然存在，出现了所谓的平静和沉默局面。在这种情况下，有人乐观地宣扬"方向问题已经解决，可以高枕无忧了"；有的人悲观地认为"毛泽东文艺思想没有用了或者说无用武之地了"，"谢幕告退"；认为艺术充

---

① 《马克思恩格斯全集》（第1卷），人民出版社1956年版，第90页。

图 5 - 5　文艺批评漫画①

图 5 - 6　文艺批评漫画

　　注：有效合理的文艺批评，一方面可以使创作主体在市场中保持清醒的创作头脑，另一方面可以纠正错误的文艺思想，树立正确的"文艺之风"。

---

　　① 徐鹏飞：《文艺批评漫画》，2013 年 11 月，凤凰网（http：//y1. ifengimg. com/news_spider/dci_ 2013/11/bb320ce8bc363e453be31657c7fce812. jpg）。

当党和国家"传声筒"是泯灭艺术，让艺术走上"正常"轨道，就要摆脱一切功利主义，从"功利性"和"意识形态性"束缚中解放出来，成为无拘无束的精神文化实体。实际上，散播社会主义文艺思想的"过时论"和"无用论"，目的就是将形形色色的错误文艺思想在指导思想和根本方向上，取代"二为"方向在改革开放以来的重要作用，这是我们必须警惕的。因此，在全面深化改革的重要历史时期，更要坚持正确的文艺批评工作，用正确的文艺思想去武装人、教育人。

最后，依靠多样的舆论载体，开展科学的文艺批评。重点关注新闻、报纸、刊物、网络等阵地的科学引导。马克思曾说："报刊最适当的使命就是向公众介绍当前形势、研究变革的条件、讨论改良的办法、形成舆论、给共同的意志指出一个正确的方向。"① 这种舆论引导更多的是正面的、直接的，对促进主流舆论的形成具有积极意义。例如，2012 年 5 月，由中国美术学院出版社出版的，由胡钟华等人主编的《时代画卷——中国美术学院师生校友主题性美术作品集》，该刊物均出自专业院校师生校友的创作，每件作品都配以简短的史实介绍、艺术评析及作者简介，不仅能够清晰地展现 20 世纪中国社会的巨大变迁和中国共产党发展的伟大历程，是一部优秀的美术史读物，而且刊物用艺术的形式描绘了不同时代的历史画卷，践行蔡元培先生"以美育代宗教"的思想，把创造美和提高人民的审美素质作为主要责任。如林风眠的《民间》《人道》《人类的痛苦》、刘开渠的《抗日英雄纪念碑》、蔡威廉的《秋瑾在绍兴就义图》《孙中山先生像》、唐勇力的《开国大典》、袁武的《九八纪事》等，通过具象的艺术手法描绘和塑造了先烈的革命之路以及改革开放以来全面建设小康社会和实现中华民族走向伟大复兴的宏伟画卷，形成了良好的社会正面的社会舆论效果。此外，当前网络成为各种社会思潮进行思想传播的重要阵地和各种文艺舆论斗争的主战场，因此要加强网络文艺舆论的引导，与市场媒体形成舆论合力，形成方向正确、内容多元、形式多样的社会文艺舆论格局，推出更多健康优质的网络文艺作品。

---

① 《马克思恩格斯全集》（第 19 卷），人民出版社 1965 年版，第 405 页。

4. 以符合时代精神发展为风向标

任何文艺创作，都是一个时代人民思想情感和精神风貌的形象体现，具有相对应的文化内涵和时代特征。习近平总书记在中国文联十大、作协九大开幕式上的讲话中提出："文艺的性质决定了它必须以反映时代精神为神圣使命。"由此可见，习近平总书记的这一论断准确把握了文艺与时代的关系，揭示出文艺创作应以符合时代精神发展为方向，在坚定文化自信、弘扬中国精神以及发挥育人功能方面具有十分重要的作用。

首先，鲜明的时代性是中国主题性绘画时代精神教育的主要特征。时代精神是每一个时代所特有的普遍精神实质，是种超脱个人的共同的集体意识，集中表现于社会的意识形态中，但并不是任何意识形态中的现象都表现着时代精神，只有那些代表时代发展潮流、标志一个时代的精神文明、产生积极影响的思想才是时代精神的体现。而优秀的中国主题性绘画作品正是以高度体现时代精神为创作风向标而更好地发挥育人功效。从古至今，优秀的艺术作品能够存世无不彰显时代特征，如清代著名画家石涛提出"笔墨当随时代"，说明艺术创作要符合时代的气息与风貌，是文艺创作和生存发展的重要标志。从中国主题性绘画的历史演进来看，不同的时代具有不同的艺术作品，发挥了时代精神教育的作用。革命时期，为了争取战争胜利和民族解放，全国人民奋勇抗战，创作了一大批具有时代性、叙事性和纪实性特点的革命画，起到宣传党的思想、团结人民、消灭敌人的重要作用，如古元的《减租会》、蒋兆和的《流民图》、徐悲鸿的《九方皋》《愚公移山》等，都是当时的经典之作。社会主义建设时期政治宣传画是中国主题性绘画创作的高峰期，这一时期很多革命历史题材创作描绘我党在革命斗争中所付出的牺牲、遭受的苦难，宣传共产党人坚强不屈、勇往直前和必胜的爱国主义信念，如吴作人的《过雪山》、王胜烈的《八女投江》，作品多采用灰色调和沉着的色彩，注重革命英雄主义与理想精神的表达，气势恢宏，壮而不悲，使得作品至今依然能打动观者。改革开放以来，中国主题性绘画创作坚持关注现实、紧扣时代主题，创作了一系列反映党光辉历程的视觉史诗,掀起了展现时代精神的创作热潮。综上所述,从中国主题性绘画的历史演进中可以发现,鲜明的时代性、崇高的主题性和创作手法的多样性,是中国主题性绘画具备优秀艺术特质的重要属性,不同的时代虽产生不同类型的作品,但发挥思想政治教育育人功效却永恒不变,尤其对全民族优秀的思想精神的进一步凝聚,产生不可估量的作用。

其次,符合时代精神是衡量优秀作品和文艺工作者艺德修为的重要表征。古往今来,繁荣的文学艺术时代,都会留下大量的优秀作品。谈论一个时代文艺作品的成就,首先会想到这个时代具有代表性的艺术家和他们的代表作品。习近平总书记指出:"文艺工作者要自觉坚守艺术理想,不断提高自身学养、涵养、修养,加强思想积累、知识储备、文化修养、艺术训练,努力做到'笼天地于形内,挫万物于笔端'。除了要有好的专业素养之外,还要有高尚的人格修为,有'铁肩担道义'的社会责任感。"① 这就要求创作主体做到德艺双馨,既要成为摒弃不良时代风气的践行者,又要成为践行良好时代风尚的引领者。第一,文艺工作者要树立科学的时代观,把握现实生活,分清时代发展主流,厘清社会诔嬗现象本质,正确处理褒扬礼赞与批判鞭挞的关系,积极创作为历史存正气、为世人弘美德、为时代凝聚精神的优秀作品。第二,文艺工作者要更好尊重和把握文艺规律。文艺作为一种文化意识形态,它的发生、发展及其变化,离不开文艺的"审美律、传情律,文艺的典型化规律,文艺的雅俗结合律以及马克思早已发现的文艺与社会发展不平衡的规律等"②。习近平总书记在文艺工作座谈会上的讲话中强调,要尊重和把握文艺规律,把握文艺发展的正确方向,同时还提出"用现实主义和浪漫主义情怀观照现实生活"。可见,创作主体只有坚持把握文艺规律、以现实主义精神审视生活、关注时代,让作品"接地气、增加底气、灌注生气",才能使作品更

① 习近平:《在文艺工作座谈会上的重要讲话》,《人民日报》2015年10月15日第1版。

② 段宝林:《〈在延安文艺座谈会上的讲话〉与文艺规律》,《美与时代(下)》2014年第5期。

富有生活质感与现实温度。文艺工作者只有驻足时代潮头，反映主流文化，努力挖掘创作素材，潜入生活深处，表达人民生活，才能创作出思想精湛、艺术精美、制作精良的优秀作品。以李传真的中国画作品《暖阳》（见图5-7）为例，作品以朴实的笔触深入刻画了淳朴的农民工形象，塑造人物的真实生活状态，正是这些极其真实和符合时代精神的作品才能真正感染观者。可见，以符合时代精神为风向标的艺术作品才能更好地被大众接受，并能通过最抒胸臆的行动向社会传播正能量。

图5-7　中国画·李传真《暖阳》①

注：新时期国家重大历史题材创作工程掀起了中国主题性绘画创作的又一热潮，作品弘扬主旋律，讴歌人民，反映新时代精神，使作品更富有生活质感和现实温度。

① 《第十二届全国美术作品展览·中国画作品集》，人民美术出版社2014年版。

第二节　中国主题性绘画的思想政治教育
育人功能的优化原则

中国主题性绘画的思想政治教育育人功能的延展突破，需要坚持紧扣时代主题、反映主流文化和表达人民生活为育人理念。但其在功能发挥层面还需要具体优化原则的指导，"思想政治教育具体的管理原则就是思想政治教育具体管理活动中所必须遵循的贯穿与思想政治教育管理过程始终并且指导和约束着整个思想政治教育具体管理工作的准则与规范。"[1] 中国主题性绘画的思想政治教育育人功能的优化原则，是利用中国主题性绘画推进思想政治教育活动的准则，成为开展思想政治教育工作的有效载体。具体来说中国主题性绘画的思想政治教育功能的延展突破需要多种原则的协调统一，包括：社会效益与经济效益相兼顾；坚持教育性与艺术性相结合；强化主导性统筹多样性；加强人文性兼备科学性。

一　社会效益与经济效益相兼顾

习近平总书记在文艺工作座谈会上的讲话中提出："一部好的作品，应该是经得起人民评价、专家评价、市场检验的作品，应该是把社会效益放在首位，同时也应该是社会效益和经济效益相统一的作品。"[2] 由此可见，文艺创作应该把社会效益放在首位，力求达到社会效益和经济效益相统一的思想，是我们改革开放以来在市场经济条件下从事审美艺术创造的一个重要指导原则，也是坚持马克思主义文艺理论的集中体现，对发展社会主义文艺创作具有重要的意义。在社会主义市场经济条件下，中国主题性绘画既是一种艺术形式，折射出一定的文化意识形态，又是一种文化产品。因此需要正确地认识中国主题性绘画作品的审美属性和商品属性，摆正其生产的社会效益和经济效益的位置。

---

① 陈义平等：《思想政治教育学原理》，安徽大学出版社 2008 年版，第 271 页。
② 习近平：《在文艺工作座谈会上的重要讲话》，《人民日报》2015 年 10 月 15 日第 1 版。

第一，从创作主体来看，应自觉地摆正艺术创作的社会效益和经济效益之间的关系。

邓小平在第四次文代会的祝词中要求文艺工作者"要始终不渝地面向广大群众，在艺术上精益求精，力戒粗制滥造，认真严肃地考虑自己作品的社会效果，力求把最好的精神食粮贡献给人民"①。因此，创作主体在坚守自身艺术理想的同时，更要以满足和提高人民群众的审美需求和趣味为创作己任。适应群众的审美需求，并不是一味地迎合甚至满足人民群众中低俗的、不健康的审美趣味，"用一些庸俗低级的内容和形式去捞钱"。正如马克思所说："艺术对象创造出懂得艺术和能够欣赏美的大众。"② 可见，创造出欣赏什么样艺术的大众，艺术家有不可推卸的责任，因此，创作主体不仅要适应和满足人民大众的精神文化需求，还负有引导和提高受众主体审美需求的责任，创作主体应该把这个责任担当起来。不仅如此，创作主体还应在自觉坚守艺术理想的同时，不断提高自身涵养、修养，加强思想积累、知识储备、艺术训练，认真严肃地考虑作品的社会效果，创作出更多具有中国优秀传统文化传承的艺术作品。2012 年保利春拍史上估价最高的单品——李可染的《万山红遍》，以估价 2.8 亿元、成交价 2.93 亿元，记录下了他辉煌的拍卖纪录。该作品是李可染先生的代表之作，或者说是中国画坛的经典之作，是 20 世纪 60 年代根据毛泽东诗词《沁园春·长沙》中"万山红遍，层林尽染"的意境创作的，出于对毛主席的崇敬，采取了大面积使用朱砂来表现秋色的手法，使秋色更红、更热烈、更带有丰收后喜悦的气氛。朱砂大面积用于山水画，自李可染创始。其一反平时惯用的淡墨画法，集中突出"红色"。作品因何天价成交？从以上分析可以看出，当前艺术品市场中，反映红色题材的艺术作品是受人喜爱的。但是作品高价不单单是红色题材一个原因，其主要原因是艺术家的主体作用，高超的艺术风格和表现技法，以及丰满的内容和鲜明的主题，在视觉上吸引大众，同时激起收藏家的兴

---

① 《邓小平文选》（第 4 卷），人民出版社 1994 年版，第 212 页。
② 《马克思恩格斯选集》（第 2 卷），人民出版社 2012 年版，第 95 页。

趣和投资者的欲望，更好地实现教育意义和经济效益。由此可见，创作主体在实现社会效益和经济效益共赢中起到关键性作用，作品的艺术价值越高，其经济效益越高；同时，"杰出的作品不在其表现为何物，而在于人们透过艺术作品，能否可以读到艺术家的内心世界、主题思想以及所处的时代变化，甚至整个民族的文化"①。正因为如此，有着肃穆崇高、雄伟浑厚气势的《万山红遍》在得到人民大众好评的同时，又实现了经济效益双赢。

第二，从监管主体来看，要正确处理好"叫好"和"叫座"之间的关系。

在市场经济条件下，中国主题性绘画进入市场以后就具备商品属性，其创作和消费必然受到两种规律的支配，即艺术规律和经济规律。中国主题性绘画的审美创造遵循的是艺术规律，既不能只把单纯"叫好"的艺术作品推向市场，也不能只看重"叫座"而艺术商品化，忽视和否定了艺术作品的审美价值至上原则，把追求经济效益作为中国主题性绘画创作发展的唯一目的。所以决定中国主题性绘画育人功能的良性发挥是作品的审美教育属性，这就需要监管主体处理好"叫好"和"叫座"之间的关系。在市场经济条件下，创作主体的创作和接受群体消费一般要通过市场发生关系，因此要实现艺术创作的社会效益和经济效益的统一，监管主体首先应该完善社会主义文化市场的监管体制，为中国主题性绘画的创作和消费提供一个好的艺术市场环境。艺术市场的良性发展依托于国家综合国力的发展，尤其是经济高速发展的今天，我国文化监管部门的运行机制应不断完善，制定和健全相关的法律法规来规范文化市场，一方面要运用经济、法律、行政等手段予以监督和管理，加强正确的思想路线和方针政策的引导，同时也要遵循艺术创作的规律，提倡健康的文艺批评，加强中国主题性绘画创作和艺术市场的管理和调控；另一方面又要约束和监管市场自发的、盲目的导向力量，以保证中国主题性绘画创作的社会效益放在首位，使艺术创作和艺术消费市场健康有序地发

---

① 罗扬：《浅议目前中国艺术市场艺术品拍卖价格的影响因素——以李可染〈万山红遍〉为例》，《大众文艺》2013 年第 22 期。

展，形成良性循环，更好地满足人民的精神文化需求。

二 坚持教育性与艺术性相结合

"鲁迅先生说，要改造国人的精神世界，首推文艺。"① 由此可见，实现对人的精神改造，艺术发挥着重要的教育作用。从功能来看，中国主题性绘画作为教育的一种宣传载体，弘扬主流价值观念，教化大众，使人民形成正确的思维方式和价值认同。可见，中国主题性绘画的教育性是思想政治教育育人功能发挥作用的价值显现。同时，中国主题性绘画作为艺术的重要组成部分，其艺术属性是中国主题性绘画本身固有的，通过作品的审美教育性和艺术表现性的独特优势，去吸引人，感染人，熏陶人，寓教于"艺"，满足广大民众的多元需求，在潜移默化中实现思想政治教育育人功能。因此中国主题性绘画的思想政治教育育人功能的发挥在突出教育性原则的同时，也要坚持与艺术性相结合的原则。

1. 中国主题性绘画的思想政治教育功能的发挥需要突出教育性原则

主流文化是一个国家系统完整而统一的价值追求，占主导地位，这是自国家产生以来，就在世界历史范围内存在的一种客观现象，尤其对于我们国家来说，是由共产党领导的社会主义国家，具有鲜明的政治性。革命时期，左翼美术活动与中国人民的革命斗争和民族解放运动紧密结合，强调美术为无产阶级革命斗争服务，强调为社会而艺术，"革命画"发挥着教育人民、打击敌人的重要作用，成为革命胜利不可或缺的重要力量。到社会主义建设时期，"政治宣传画"是现实政治的"晴雨表"，有什么政治事件就会有相应的作品出现，成为表现政治事件的形象化图解。如版画《毛主席与红卫兵》、国画《我们心中最红最红的红太阳毛主席和我们在一起》等，此外，任何一件作品都有特殊的政治含义同现实紧密相连，成为宣传党的主张，表现

---

① 《习近平总书记在文艺工作座谈会上的重要讲话学习读本》，学习出版社 2015 年版，第 7 页。

政治斗争的重要载体。如周树桥的油画《春风杨柳》表现知青"上山下乡"的精神面貌，孙国歧等的油画《引来银河水》表现"工业学大庆""农业学大寨"的豪情壮志，侯杰等的国画《义务看车员》突出"为人民服务"的共产主义思想，王纯利的国画《炉火正红》描绘"批林批孔"的运动主题，都起到了极大的宣传教育作用。改革开放以来，党和国家更加重视对文化意识形态的宣传，中国主题性绘画作为艺术的表现形式之一，抒写和记录人民的伟大实践和时代进步的光辉历程，彰显信仰之美，崇高之美，弘扬中国精神，成为教化人民群众的重要力量。由此可见，坚持中国主题性绘画的教育性原则，应该在中国主题性绘画创作的题材选择上，以教育人为核心目标和价值归宿，创作内容要宣扬国家意识形态、弘扬主流价值观念，展现时代精神，表达人民生活。

2. 中国主题性绘画的思想政治教育功能的发挥还要兼顾艺术性原则

如果说教育性原则是发挥中国主题性绘画育人功能的内在指向，那么艺术性原则就是发挥中国主题性绘画育人功能的外在支撑，如果中国主题性绘画作品不具有艺术性，也就不能发挥其教育作用。革命时期，"革命画"之所以发挥重要的宣传教育作用，就是充分运用了传统的民族美术形式和民间美术形式，如木刻、漫画、连环画、宣传画等美术作品，通过直观的艺术表现性，来反映社会现实，关心人民大众疾苦，实现为人民服务的"大众美术"观念。社会主义建设时期，看图说话式的政治叙事风格贯穿这一时期的美术创作，而且政治宣传画一般都有醒目且具有号召性的文字说明和标题，这些文字都是一种"图解式"的宣传口号，更加直观，有效发挥宣传鼓动作用。另外，在大多数思想政治教育对象的眼中，思想政治教育是一门严肃的学科，它严谨的理论知识，给人一种强制说服的感觉，易产生反感和排斥心理，因此，通过中国主题性绘画作品的艺术性，能够激发和调动人民的无意识心理，以达到削弱抵触情绪、引发感情共鸣、淡化教育痕迹、提高教育效果之目的。因此，坚持中国主题性绘画的思想政治教育的艺术性原则，也正是思想政治教育的未来发展趋势，即政治与艺术的融合，淡化二者的边界，让政治教育变得艺术化，在艺术美中融入教育内容（见图5-8、图5-9），使人民在享受绘画艺术美，获得审美愉悦时，改变人民的思维方式和价值观念。

图5-8　社会主义核心价值观宣传画

图5-9　社会主义核心价值观宣传画①

　　注：将社会主义核心价值观通过漫画的形式表现出来，让人民在欣赏中受到教育，达到教育性与艺术性相统一的育人效果。

---

　　① 《社会主义核心价值观宣传画》，2014年9月，百度网（http://pic2.ooopic.com/13/24/97/74b1OOOPICf0.jpg）。

三　强化主导性统筹多样性

主导性是指人类价值观念在绝对终极意义上的理想指向的统一性、目的论意义上的一致性和普遍表现形式上的共同性，而多样性则是指实践手段上的多样性与特殊内容结构上的差异性和丰富性。"正确理解应当是价值观理想目标的一元导向性与价值观具体内容和实现方式或过程的多样性的辩证统一，而不应当把它们割裂开来、对立起来。"[①] 因此，主导性和多样性则是辩证统一的关系，主导性处于核心地位，多样性处于辅助地位，二者相统一，起到振奋精神、鼓舞人心、凝神聚气的社会效果。坚持一元主导与多样发展的统一，一方面要突出核心，就是要加强主导地位的一元指导思想，即马克思主义文艺观的一元指导占领主阵地，通过主渠道，唱响主旋律，打好主动仗。另一方面，要兼顾边缘，以主导性率领多样性，多样性围绕主导性。

1. 中国主题性绘画的思想政治教育功能的发挥需要突出主导性原则的指导作用

总体来看，中国主题性绘画的思想政治教育功能的主导性原则包含两个方面。一方面，中国主题性绘画的创作必须坚持和维护社会主义意识形态的主导地位，特别是马克思主义的指导地位。要始终以社会主义核心价值体系作为指导创作的主要内容，要高扬社会主义、集体主义、爱国主义教育的主旋律，渗透到创作中，不能以其他教育代替主旋律教育，要以中国特色社会主义共同理想凝聚力量，以爱国主义为核心的民族精神和以改革创新为核心的时代精神鼓舞人民大众，以社会主义荣辱观引领风尚，巩固我们团结奋斗的共同的思想基础，要坚持为人民服务、为社会主义服务的"二为"创作方针，来发挥中国主题性绘画的思想政治教育育人功能。另一方面，中国主题性绘画的题材选择需要围绕建设历史重大题材以及贴近普通观众的现实主义题材的绘画类型，自然不包括片面追求经济效益的"三俗"作品。因此中国主题性绘画满足以上两条

---

① 刘小新：《当代大学生主导价值观研究》，首都师范大学出版社 2005 年版，第 146 页。

主导性原则的基本要求才能保证其思想政治教育育人功能的有效发挥。

2. 中国主题性绘画的思想政治教育功能的发挥还需要兼顾多样化发展

多样化主要是指题材、体裁和表现形式的多样化，以适应群众多层次、多方面的需要。凡是能够使人民得到教育和启发，得到娱乐和美的享受的作品，都应有一席之地。多样化作为文艺发展的普遍规律，主要有以下表现：（1）风格类型的多样化，即中国主题性绘画可以是"雄伟和细腻、严肃和诙谐、抒情和哲理"等各种不同的风格类型。（2）功能指向的多样化，即通过欣赏作品既能使人受到"教育"和"启发"，也能让人获得"娱乐"和"美的享受"。（3）题材内容的多样化，即艺术作品既可以反映"英雄人物的事迹"，也可以反映"普通大众的悲欢离合"，既可以表现"快节奏的都市生活"，也可以"新农村的清新风貌"。（4）借鉴资源的多样化，如毛泽东在《新民主主义论》中指出："中国应该大量吸收外国的进步文化，作为自己文化食粮的原料。"《在延安文艺座谈会上的讲话》中也提出："我们绝不可拒绝继承和借鉴古人和外国人，哪怕是封建阶级和资产阶级的东西。但是继承和借鉴绝不可以变成替代自己的创造。"习近平总书记指出："我们的社会主义文艺要繁荣发展起来，必须认真学习借鉴世界各国人民创造的优秀文艺。只有坚持洋为中用、开拓创新，做到中西合璧、融会贯通，我国文艺才能更好地发展起来。"① （5）创作主体多样化、分层化。当前中国的艺术创作群体既有出生于新中国之前、伴随着新中国成长起来的老一代美术工作者，也有沐浴着改革春风成长起来的"80后"，还有在市场经济洗礼中成长起来的"90后"和"00后"等青年群体，他们的人生阅历、性格气质、审美情趣等方面存在很大差异，呈现出多样化发展趋势。

四　加强人文性兼备科学性

人文性是指中国主题性绘画的思想政治教育育人功能的对象是广大人民群众，具有人民性的基本特征，需要通过中国主题性绘画作品讴歌

---

① 习近平：《在文艺工作座谈会上的重要讲话》，《人民日报》2015年10月15日第1版。

人民、讴歌英雄，达到育人目的，改革开放以来科学技术的进步促进了中国主题性绘画的宣传推广，更好地实现育人功能发挥。因此，中国主题性绘画创作者既要学习、掌握、运用互联网和新媒体等高科技手段推动文艺创新，又要不断充实自己的人文性观念，这样才能在新时代中创作出更多优秀作品，增强吸引力和影响力。因此，加强人文性观念的同时，又要兼顾科学技术的支持，中国主题性绘画的思想政治教育育人功能的发挥需要二者的有机统一。

1. 中国主题性绘画的思想政治教育功能的发挥需要加强人文性原则

中国主题性绘画的思想政治教育功能的教育对象是广大民众，具有人民性的基本特征，"人民是文艺工作者的母亲。一切进步的文艺工作者的艺术生命，就在于他们同人民之间的血肉联系，忘记、忽略或隔断这种联系，艺术生命就会枯竭。人民需要艺术，艺术更需要人民"①。邓小平同志揭示了文艺和人民之间紧密的关系。中国主题性绘画之所以加强人文性原则的指导，缘于以下两方面。一方面，思想政治教育的根本目的是提高人的思想道德素质，促进人的自由全面发展，这就需要中国主题性绘画进行思想政治教育的过程中，以人文性原则作为指引，坚持人民群众是历史的创造者的唯物史观，坚持以人民为中心的创作理念，才能满足接受者的精神文化需求，引导人民群众的行为方式和价值观念。因此，在此过程中，需要加强人文性原则的指导。另一方面，马克思主义文艺理论指出：艺术生产也是生产的一种，是一种精神意义上的生产概念。艺术生产必然要产生艺术消费，这就决定了艺术生产必须能够满足不同层次的艺术消费需求，才能保持长久的生命力。中国主题性绘画作为宣传党的思想，维护国家意识形态的重要工具，要发挥其功能必须满足广大受众群体的多层次爱好和多元化需求，这就依赖于人文性原则的指导。纵观中国主题性绘画发展的漫长历史，新民主主义革命时期和社会主义建设时期，中国主题性绘画带有浓厚的工具理性观念，改革开放新时期以来，中国主题性绘画的育人目标，由"工具理性"

① 《邓小平文选》（第2卷），人民出版社1993年版，第183—184页。

向"价值理性"转化，由"革命性"向"人文性"转化，使得中国主题性绘画的人文性不断增强，这一变化离不开坚持党和国家的文化方针政策作为指引。离不开创作主体的呕心沥血和广大人民大众的支持。因此，发挥中国主题性绘画的思想政治教育育人功能需要满足不同层次受众对象的艺术需求，必须加强人文性。

2. 中国主题性绘画的思想政治教育功能的发挥需要加强科学性原则

中国主题性绘画的思想政治教育育人功能的科学性原则是指，在中国主题性绘画发挥教育作用的整个过程中，广泛运用先进的现代科学技术，来完善中国主题性绘画创作与传播技巧、手段，从而提高育人功效。新民主主义革命时期，革命画以版画为主要的艺术类型，得益于其复制性强、便于创作、黑白对比度强烈等特点，但是受时代条件限制无法更好地运用先进的科技手段把革命画所蕴含的革命思想，更快、更高效地传送到人民的头脑中去，加之版画和漫画作品颜色和创作类型单一，育人功能呈现出局域性和零散性。改革开放以来，伴随科学的创作理念、先进的科技手段的运用，中国主题性绘画创作和传播正在经历一场新的"革命"。伴随物质生活水平的提高，人民对于精神文化的需求因日新月异的电子科学技术高效传播而得以满足。信息技术的进步，如电脑、手机在大众中普及和互联网用户的剧增，对人民的精神文化生活产生了深刻影响，悄然改变了人民的文化娱乐习惯。中国主题性绘画在传播过程中，借助先进的科学技术作为传播平台，以现代化、信息化的传播载体为媒介，扩大了中国主题性绘画的传播途径，如利用互联网、微博、微信等网络媒介作为传播中国主题性绘画育人思想的"战场"。"移动互联网的快速发展和网络宽带的升级，成为推动人们精神文化需求获得多样性满足的最主要动力"[1]。总之，加强中国主题性绘画的科学性原则，就是强调运用科学的创作理念与先进传播手段来促进中国主题性绘画的思想政治教育育人功能的发挥。

---

[1] 王卓华：《弘扬中华文化 创新精神家园——浅谈影视作品在市场经济中的定位》，《黑龙江教育学院学报》2013 年第 6 期。

第三节　中国主题性绘画的思想政治教育
育人功能的优化平台

"报纸、广播、电视、互联网等现代大众传媒，信息传播及时，直接面向群众，覆盖面广，影响力强，对人民的思想行为有着十分重要的导向作用，历来是中国共产党开展思想政治教育、团结动员和教育引导群众的重要途径和基本方式。"[1] 根据与人民生活密切相关度和功效发挥的程度来看，新闻出版物、自媒体、公共文化设施、公共基础设施等为宣传平台，成为中国主题性绘画的思想政治教育育人功能发挥的科学化传播路径。

一　以艺术刊物为代表的新闻出版平台

以图书、期刊、报纸为主的艺术刊物对思想政治教育的发挥曾有过举足轻重的作用，随着互联网时代的到来，应继续坚持把图书、期刊、报纸作为中国主题性绘画传播思想政治教育的"战场"，使中国主题性绘画通过新闻出版平台发挥中国主题性绘画的思想政治教育育人功能。

从艺术刊物的历史发展来看，在不同的历史时期能起到唤醒民众的觉醒能力，促进社会进步的作用。新民主主义革命时期，在共产党的领导下，很多省市的工会都创办了画报和相关刊物，上海市总工会编辑出版了《西行漫画》（见图 5－10），中华全国总工会省港罢工委员会出版了《罢工画报》和《工人之路》，湖南省总工会出版了《工人画报》和《苦力》等，这些工人画报及艺术出版物，刊登了许多表现革命内容的绘画作品，印发了许多革命画与标语相结合的传单，在新民主主义革命时期的工人运动中发挥了积极的宣传、教育、鼓动和战斗作用。由此可见，以图书、期刊、报纸为代表的艺术刊物，成为发挥中国主题性绘画的思想政治教育育人功能的载体。首先，应牢固坚持马克思主义文艺

---

① 龚志宏：《润物细无声——思想政治教育中的无意识教育研究》，河南大学出版社2006年版，第205页。

观，把政治方向摆在第一位，牢牢坚持党性原则，牢牢坚持正确的舆论导向，坚持正面宣传为主（见图 5 - 11）。其次，应该多出版反映时代精神和先进文化发展方向的艺术类著作。出版大众喜闻乐见，形式丰富多样的艺术出版物是反映一定的社会现实和体现时代精神的重要载体，通过具象的审美艺术，来提高人民的审美情趣，可以起到凝聚人心和推动社会发展的重要作用。最后，艺术出版物要向人民大众普及和宣传正面的、优秀的艺术作品，出版表现人民美好生活理念以及提升民众文化素质的艺术类著作，可以有效地抵制"三俗"产品对人民精神的污染。

图 5 - 10　连环画出版物①

---

① 黄镇：《西行漫画》，上海风雨书屋出版社 1938 年版。

图 5 - 11　艺术理论出版物①

　　注：以优秀出版物为宣传平台，表现人民美好生活和提升文化素质的优秀艺术著作，成为宣传中国主题性绘画育人功能的重要途径。

二　以微信为代表的自媒体平台

　　自媒体的快速发展，尤其是微信等自媒体的广泛使用，改变了传统获取文化资源和思想交流的方式，传统媒体的"话语权"逐渐被削弱，网络新媒体开始占据主导地位。2013 年 8 月 19 日，在全国宣传思想工作会议上，习近平总书记首次公开谈及关于自媒体的重要性，提出"根据形势发展需要，我看要把网上舆论工作作为宣传思想工作的重中之重来抓。我国网民有近六亿人，手机网民有四亿六千万人，其中微博用户

---

　　①　黄可：《中国新民主主义革命美术活动史话》，上海书画出版社 2006 年版。

达到三亿多人。很多人特别是年轻人基本不看主流媒体，大部分信息都从网上获取。必须正视这个事实，加大力量投入，尽快掌握这个舆论战场上的主动权，不能被边缘化"。根据百度《2015 年移动互联网行业发展报告》显示，微信已超过 QQ 成为全国应用率最高的移动网络软件。尤其在高校青年学生群体中，微信使用率高达 95%，微信的普及使受众群体通过微信平台进行信息的交流和共享，凭借其传播内容的及时性强、参与性强、开放直观等优势，绘画艺术资源通过微信平台的"微形态"传播，成为一种新的艺术传播平台，可以说，这种传播方式扩大了绘画艺术宣传路径，更加广泛地使绘画艺术逐渐融入了普通大众的生活和思维认知之中，同时对中国主题性绘画的思想政治教育育人功能的发挥产生深远影响。

1. 以微信公众号为平台的传播模式

微信公众号与 QQ 号账号互通，传播者可在微信平台上实现和特定群体的文字、图片、语言的全方位沟通和互动。微信公众号中的订阅号为媒体和个人提供一种新的信息传播方式，其功能类似于报纸杂志，提供新闻信息，可以更好地构建与读者之间的沟通，传播中国主题性绘画所蕴含的时代精神和主流文化，提升文化品位，向人民大众传递正能量，弘扬主旋律，让人民大众更好更快地认识和接受所传播的信息，达到资源共享和提高受众的参与度，如由红旗文稿杂志社创办的"红旗文稿"公众号，把中国主题性绘画纳入其中，以图解式辅助于文字内容，来宣传党的思想理论。再如微信公众号"中国北京国际美术双年展"其功能主要是发布北京双年展章程，主题解析，以双年展作为宣传载体，在更大范围、更广领域、更高层次上进行国际艺术交流，弘扬中华民族优秀文化，吸收世界优秀文化成果，使中国文化、中国模式、中国故事走出国门，传播中国声音。由此可见，这些微信公众号专业性强，通过中国主题性绘画的直观形象传播，对受众的引导与渗透性针对性强，发挥思想政治教育功能的效果也较为明显。

2. 以朋友圈为平台的关系链传播

从微信的传播特性来看，微信充分整合了 QQ 和微博的特性，更具有个人空间的私密性和信息传播的及时性。微信通过相互关注，私信传递以及朋友圈分享等方式互相沟通。而微信朋友圈的社交功能，是受众群体展示生活、抒发感情和排解情绪的个人空间，用户可以通过朋友圈发表文字和图片，通过朋友圈的发送、点赞、转发、评论，每个人都能成为中国主题性绘画思想内容的生产者和传播者，将拥有正能量的朋友圈予以点赞和转发，可以拉近关注双方的距离。通过朋友圈的关系链传播，将健康积极的、有利年轻群体成长成才的艺术作品，以视频或图片再配以文字的形式，推送给相互关注的受众群体，具有引导规范作用，有效地发挥育人功能。

三　以美术馆为代表的公共文化设施平台

公共文化设施，是指由政府部门出资修建，免费为群众提供的文化学习平台，是公共文化服务体系建设的基础设施，是展示文化建设成果、开展群众文化活动的重要阵地，既是开展大型文化活动的空间载体，也是居民日常休闲娱乐的重要场所。主要包括博物馆、艺术馆、文化馆、少年宫、群众艺术馆、乡镇文化站、村文化室、非物质文化遗产展示中心、非物质文化遗产传习所以及一些纪念地等。以美术馆为代表的公共文化机构，是集展览、收藏、研究、教育、交流和服务等多功能为一体的艺术博物馆，是一个国家或地区文化的缩影和重要标志。美术馆的思想政治教育功能隶属于美术馆的公共性，是指在收藏、展示艺术品、向人民传授艺术等相关知识过程中，将中国主题性绘画以直观方式转化给人民群众，通过大众喜闻乐见的艺术形式，感染人、打动人、教育人，提高受众的审美品位，完善人格发展，从而促进人身心健康和谐发展，是思想政治教育功能的组成部分之一。

第一，美术馆活动的娱乐审美功能契合中国主题性绘画的基本特性，成为宣传中国主题性绘画思想政治教育功能的重要"阵地"。

中国主题性绘画作品是美术馆展览的重要组成部分，通过美术馆特定的艺术活动，让人们在享用绘画艺术文化成果的过程中，获得美感体验，美术馆教育的"美"与思想政治教育中的"善"，成为美术馆发挥功效的主要内容。2013 年 8 月 20 日，石家庄美术馆举办"在时代的现场——全国写生美术作品展巡展"，展出的作品是全国知名美术家赴青藏高原、云贵高原以及革命老区等写生基地的美术作品，主要展现当代中国建设的新成就、社会新气象以及人民的新生活，通过此次展览，让主题性美术作品进入美术馆，让参观者在享受的过程中，获得心灵的启迪，增强民族自豪感，受到爱国主义教育。此外，美术馆可以对不同文化层次、不同阶层、不同年龄的人进行教育，也就是说，美术馆的艺术活动具有广泛的受众群体，无论社区的普通群众、大专院校的学生、中小学甚至幼儿园的儿童都可以接受，因此，可以满足不同文化层次人的精神文化需求，充分利用不同受众群体的资源，发挥好美术馆在思想政治教育工作中的舆论阵地作用。因此，以美术馆活动为阵地发挥中国主题性绘画的思想政治教育娱乐审美功能，对培养人民良好的情操，提升人民的审美能力和品位，塑造大众理想的人格具有重要意义。

第二，美术馆活动的团结凝聚功能弥补中国主题性绘画传统固定模式，成为助推中国主题性绘画思想政治教育有效发挥的重要"渠道"。（见图5-12、图5-13）

美术馆活动带有很强的群众参与特点，例如将爱好绘画艺术的团体组织起来参观，因为共同的兴趣爱好，更容易拉近彼此的距离，发挥团结凝聚的功效。另外，美术馆的群众性的文化活动，可以通过美术馆特定的情节和环境，开展人民参观中国主题性绘画活动，激发参与者产生积极向上的正能量，鼓励人民在遇到各种困难和挫折，可以互相鼓励，互相学习，互相促进，有利于培养人民勇往直前、自强不息、顽强拼搏的精神。2018年是张伯驹先生诞辰120周年，张伯驹先生捐赠书画作品展刚结束在故宫博物院的展出，就回到了吉林省美术馆再次展出，和广大群众近距离见面，赠送印有绘画作品的购物袋和纪念册。通过参加展览，了解风雨如晦的年代，张伯驹为了保护中华文化艺术而倾其所有，这种家国情怀，更能激发人民群众的爱国热情。可见通过艺术展览，美术馆的团结凝聚功能弥补了中国主题性绘画传统的教育模式的不足之处，更好地实现育人功能。

第三，美术馆借助科技手段可以完善中国主题性绘画育人功效的发挥，成为促进中国主题性绘画思想政治教育功能发挥的有效"载体"。

图 5 - 12　以美术馆为代表的公共文化设施平台

图 5 - 13　以美术馆为代表的公共文化设施平台①

注：以美术馆为代表的公共文化设施蕴含丰富的思想政治教育资源，能满足不同阶层、不同受教育程度观众的审美需求，可以更好地发挥其平台优势。

---

① 《抗日战争木刻版画展》，2015 年 7 月，央广网（http：//images.china.cn/news/attachement/jpg/site3/20150703/6261813156665340649.jpg）。

传统的美术馆在展览和宣传模式上，以主题性书法或者绘画作品为主，向大众传达主题思想，但借助先进的现代多媒体技术，相同题材作品通过不同的艺术表现形式展现给观众，更能引起强烈的反响和共鸣。故宫博物院的《清明上河图》于 2015 年首次全卷铺开展出，每天近万人排队参观，可见其影响力。而上海美术馆以《清明上河图》为蓝本，充分利用现代多媒体技术，制作出多媒体版的《清明上河图》，是将原作放大约 30 倍的大型画卷，投放在巨型荧幕上，而且动态还原了《清明上河图》的千古画境和城市昼夜循环的风景，使观众透过画卷仿佛穿越到了一千多年前的那个繁华的东京汴梁城，身临其境般地感受到北宋时期人民生活的风土人情，激发对中华优秀传统文化的热爱之情。北京故宫博物院和上海美术馆展示出的"静"与"动"的两种不同表现形式的《清明上河图》，既展现了科技进步带来的视觉享受，也让人民在欣赏优秀艺术作品的同时，提高艺术修养和爱国热情。

四　以地铁站为代表的公共基础设施平台

公共基础设施是指为社会生产和居民生活提供公共服务的物质工程设施，是用于保证国家或者地区社会经济文化活动正常进行的公共服务系统，是社会赖以生存发展的一般物质条件。从狭义和广义的角度界定基础设施，狭义角度的基础设施主要包括港口、公路、铁路和水力发电等，而广义角度的基础设施包括运输、通信、动力、供水、农业灌溉、排水系统、教育、公共卫生以及法律和秩序等所有公共服务。其中，公益性是公共基础设施的主要特点。

1. 提高大众审美

作为公共基础设施，地铁中的公共绘画艺术可以满足都市人民快节奏生活方式的审美需求。根据调查显示，中国地铁 85% 的乘客为中青年人群，他们对于地铁等公共绘画艺术有着较高的欣赏水平，另外，地铁中人群流动性较大，很难长时间地驻足观看，但此类艺术作品色彩明快，创意生动使得乘客在较短的时间内吸引乘客，从视觉出发影响心理，具有舒适感，提高乘客审美。例如长春地铁 1 号线"车站名"书法作品，吉林省内知名度较高的书法艺术家为人民广场、胜利公园站、东北师大等15个站台题名落款，让人民在乘车中，感受书法艺术熏陶的同时提升大众审美。

2. 宣传城市文化

地铁的受众人群主要包括城市居民以及外来游客。对于这些受众群体而言，地铁是宣传城市的最好场所之一。不同城市的地铁空间通过适当的公共艺术作品展现其独特的城市文化，具有重要作用。对于城市而言，尤其是旅游城市，鲜明的城市文化将带来更大的经济价值和文化价值，因此，地铁空间宣传作用是毋庸置疑的。利用地铁中的墙体进行文化宣传是很多城市普遍采用的方式，如在地铁出入口进行主题性展览（见图5-14、图5-15）、正能量的墙绘，都极大发挥了宣传城市文化的作用。人民从这些绘画作品中可以印证自己对于城市的文化认知，形成普遍的价值趋同。因此，地铁作为城市最重要的公共交通系统，因其空间的开放性、人群的集中性和流动性等特点，成为宣传城市文化最有效的传播场域之一。

图5-14　长春市政府地铁站"长春十二景"主题文化长廊

图 5 - 15　上海新天地地铁站"上海·党的诞生地"主题文化长廊①

注：地铁站具有人口流动大、空间开放性的特点，成为宣传城市文化、教育大众的特殊公共基础设施。

3. 发挥公共艺术优势

公共艺术是一个城市文化发展的重要标志，反映市民文化诉求，体现市民对居住城市的认同感和自豪感，是艺术与文化教育中不可缺少的环节。"随着经济发展和科技不断进步，公众审美与艺术认知也发生了巨大变化，公众现已不满足于被动地接受艺术，而是希望能与艺术作品互动，并在互动参加与中体验公共艺术带来的愉悦感受。"② 而以地铁这一公共基础设施为宣传平台，可以有效地提高大众的参与度，能更好地凸显公共艺术服务大众的目的。目前最常见的是在公共艺术作品上设置二维码，乘客通过微信扫码的方式进行互动交流，简单易操作，效果显著。例如北京地铁 8 号线南锣鼓巷站中的艺术作品《北京·记忆》，乘客通过微信扫码，艺术作品背后的故事以及相关链接就会呈现出来，

① 《"地铁专列"驶向党的诞生地　上海启动"一线一站"主题宣传》，2016 年 12 月，东方网（http：//sh. eastday. com/m/20161222/u1ai10183394. html）。
② 王红月：《地铁空间设置互动性公共艺术的研究》，《城市轨道交通研究》2018 年第 9 期。

这样乘客在乘车过程中进行浏览，还能通过在线留言的方式进行互动交流，这种互动方式不仅拉近了乘客与公共艺术的距离，通过链接欣赏艺术作品，提升社会大众的艺术欣赏力和鉴赏力，既发挥了公共艺术优势，又起到了艺术教育作用。

第四节　中国主题性绘画的思想政治教育 育人功能的优化机制

发挥中国主题性绘画的思想政治教育育人功能，需要坚持"一元"主导，两个"需要"，三个"坚持"，"四以"要求作为优化理念；需要坚持突出社会效益兼顾经济效益，坚持教育性和艺术性相结合，强化主导性统筹多样性，加强人文性兼备科学性的基本原则。本部分将重点研究中国主题性绘画的思想政治教育功能的模型设计，通过主体层面的"三维循环"机制和外部环境层面的"文化 +"与"互联网 +"业态融合机制来深化其功能的发挥，促进中国主题性绘画的思想政治教育育人功能的延展突破。

一　"三维循环"机制

中国主题性绘画发挥育人功能的整个过程，需要三大主体之间的协调配合，即党和国家构成的监督管理主体（中华人民共和国文化部、中国美术家协会等政府职能部门）、中国主题性绘画创作主体以及广大接受群体。改革开放以来，党和国家的高度重视，创作主体个人修为的自我提升，接受群体审美水平的提高，助推了中国主题性绘画育人功能的发挥。新时代中国主题性绘画的思想政治教育功能的发挥离不开这三大主体的互相联系与协同合作，它们三者形成一个有机联系的主体循环系统（见图 5 – 16）。如第四章所述，中国主题性绘画的思想政治教育功能的发挥离不开监管主体、创作主体、接受群体之间的统一协调配合，然而，中国主题性绘画三大主体却存在着监管主体的管理体制不畅，创作主体的唯经济效益思维，接受群体的文化素养和鉴赏力有待提高等问题，这些来自主体层面的问题，制约着中国主题性绘画的思想政治教育育人功能的延展突破。因此，要实现其功能的良性发挥，就要加强三大主体的有机联系。

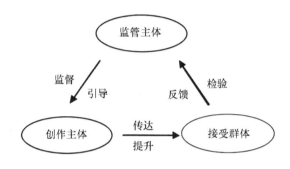

图 5 – 16　中国主题性绘画三大主体循环关系

以上图例形象地演绎了通过中国主题性绘画进行思想政治教育育人过程中三大主体的循环关系。首先，从中国主题性绘画的监管主体与创作主体的关系来看，监管主体对"主题性"绘画进行明确"定位"，为创作主体提供创作方向。在此基础上，创作主体参透并理解监管主体的"主旋律"定位，发挥主观能动性与艺术创造力，将价值观念融入"可视艺术"，从而创作出符合主题性定位的艺术作品。其次，从中国主题性绘画的创作主体与接受群体的关系来看，创作主体坚持突出社会效益中兼顾经济效益的原则，是联系监管主体和接受者的"桥梁"和"纽带"，它将主流价值观念具象化、形象化，并传达给广大的接受群体，提供精神文化产品的服务，并进行意识形态教育。最后，从中国主题性绘画的接受群体与监管主体的关系来看，监管主体作为党和国家的管理机构，通过多种手段对中国主题性绘画进行明确定位，使创作主体创作出更多讴歌祖国、讴歌人民的精品力作，最终目的是让接受群体在欣赏中国主题性绘画过程中，将价值观念内化于心，外化于行，并通过社会实践活动来检验并传导主流价值观念，可见，中国主题性绘画的接受群体为监管主体的"主题性"价值定位提供实践检验和价值反馈。正如图例阐述，中国主题性绘画的监管主体、创作主体以及接受群体三者之间存在密切的联系，形成了有机联系的循环系统。

1. 中国主题性绘画的监管主体主要职责是引导、定位并强化"主旋律"

中国主题性绘画的监管主体只有正确地引导和强化国家意识形态和主流价值观念，为创作主体指明方向，才能使中国主题性绘画更好地发挥育人功能。根据前文所述，管理主体的体制不健全，造成了管理部门权限不清晰，以及各部门之间缺少统一、协调的工作，出现了"盲点"或"真空"现象，造成中国主题性绘画育人功能失调现象。

（1）设立国家荣典制度，以法律的形式对荣典制度管理的具体事项进行保障，使其具有权威性、国际性。全国人大代表李玉英在调研中发现，当前的文艺类别荣誉体系中低层次评比过杂、过多、过滥，而国家级高层次荣誉奖项少而且知名度也低，很难起到应有的导向和激励作用。现行的文艺类别荣誉体系奖励又以成果为主，缺乏对文艺工作的综合评价。她认为，应构建一种制度化、规范化和科学化的国家文艺荣典制度，来弥补现行奖励制度的不足。世界上许多国家都设立国家文艺荣典制度，比如美国的国家艺术奖章、日本的文化勋章、韩国的金冠文化勋章、法国的文学艺术骑士勋章。而目前在我国还缺乏具有中国特色、能够发挥国际影响力的国家艺术奖项，因此，随着文化发展进入新阶段，在迈向文化大发展大繁荣的征程中，设立国家文艺荣典制度势在必行。第一，应具有权威性，制定相关的法律法规，统一规范，以法律的形式对荣典制度管理的具体事项进行保障。以国家艺术基金（CNAF）[①]为例，自2013年12月成立以来，作为我国公益性的文艺基金，其不仅是我国行政系统外的文化管理组织，而且是我国文化政策的执行者和国家文化基金的具体分配者，承担着国家艺术文化管理职能。职能上，作为国家艺术文化基金的专门管理机构，其基本职能是将财政部的国家文化基金（也包括公共文化捐赠），按照严格的申请评估程序，以基金资助的方式拨款给非营利性的艺术文化基金申请者或者国家扶持的文化机构。机构上设理事长1名，理事会成员13人左右，多数成员都是文化

---

① 国家艺术基金是国家文艺荣典制度之一，是监管主体强化并引导"主旋律"创作的有效荣典制度。

领域的专家和学者，具有专业领域内的权威性。国家艺术基金（CANF）秉承的原则是竭尽所能支持艺术文化发展，支持和鼓励艺术家创新，传承和保护既有的中华优秀传统文化，艺术皆属全民所有并服务于公众。第二，应具有国际性，以此提高我国文艺荣典的国际知名度和影响力，向全世界展示国家艺术形象，使之成为加强对外友好交流的文化纽带。习近平总书记在文艺工作座谈会上讲话的主要精神就是要求艺术作品应该树立"国家艺术形象"，强调中国主题性绘画创作对中国形象的描绘和塑造要达到国家级艺术水准，对国内外产生广泛影响，充分展示中国符号、中国风格。第三，应具有稀缺性，颁发的国家奖章要少而精，充分体现国家文艺荣典的国家权威性和崇高性。因此，建立健全相关的法律法规，设立国家文艺荣典制度，对发展和繁荣我国文艺事业具有深远意义，能更好地引导创作主体的创作生产，从而为中国主题性绘画的创作和发展提供有利可靠的法律法规，为其保驾护航。

（2）针对当前文艺市场乱象、"三俗"产品层出不穷、历史虚无主义、自由主义以及主题模糊和缺少价值导向的作品泛滥现象，在监管模式上制定相关法律政策。一方面，国家和政府层面的监管部门应研究出台相关的办法或者措施，通过政策、法律、行政手段针对上述现象加强立法进行干预和指导，必要时予以制裁，从制度层面对文艺创作进行规范，并建立严厉的惩罚机制，让创作主体明确意识到什么可为，什么不可为，对粗制滥造、抹黑革命英雄人物以及片面追求商业化的行为要予以严惩。建立相应的举报和奖励机制，让社会公众成为社会风气建设的重要力量，发挥其重要的监督作用。同时监管主体还应该加强自身的管理队伍建设，打造一支品德高尚、业务精良、技术过硬、纪律严明的管理队伍，管理制度和法律法规要紧跟文化产业快速发展的步伐，积极发挥引导"主旋律"职责，营造健康的社会文化风气，让良好的、健康的、充满正能量的中国主题性绘画作品在监管主体正确导向中获得更多的社会效益。另一方面，旗帜鲜明地坚持创建具有中国风格、中国特色和中国精神的文艺评论体系，建立在群众评价机制和社会效益评价机制的基础之上，不以西方标准来衡量、不以商业标准和功利标准取代艺术标准、不做文艺评论界的"老好人"，敢于批评不良现象。按照习近平总书记的要求："以马克思主义文艺理论为指导，继承创新中国古代文艺批评理论优秀遗产，批判借鉴现代西方文艺理论，打磨好批评这把'利器'，把好文艺批评的方向盘，运用历史的、人民的、艺术的、美学的观点评判和鉴赏作品，倡导说真话、讲道理，营造开展文艺批评的良好氛围。"①

（3）建立健全公共文化基础建设。城市公共文化基础建设的第一主体是政府，其主体地位源自政府具有文化职能，政府的文化职能是满足人民日益增长的物质文化需要，通过建立健全公共文化基础建设可以对社会风气和人民的价值取向形成正确引导。政府构建文化软实力的主体地位主要表现在通过非营利的、公开的、大众性的公共文化基础设施来承担社会责任，以及大力兴办各类公共文化艺术活动，如文化艺术节、历史文化名城博览会，开展主题性文化艺术活动，提高和教育广大受众主体的判断和甄别能力，培养积极健康的审美情趣。

2. 中国主题性绘画的创作主体主要职责是创作并弘扬"主旋律"

美国著名诗人惠特曼曾说，一切美来自美的血液和美的头脑。思想政治教育研究其根本是"人学"，而创作主体的思想道德水平则通过艺术作品呈现出来。习近平总书记在文艺工作座谈会上的讲话中提出："我国作家艺术家应该成为时代风气的先觉者、先行者、先倡者。"② 这也就意味着，创作主体相对于广大人民群众的优势不仅在于他们具有读写能力和专业知识，更重要的是，他们在思想认识上也走在时代前列，起到重要的思想引领作用。

（1）自觉提升个人修为。中国主题性绘画的创作主体是影响"三维互动模式"的关键角色，其创作动机或目的直接影响甚至决定中国主题性绘画作品的格调与品质。歌德认为：理想的艺术家应该是既能洞察到事物的深处，又能洞察到自己心情的东西，而且能和自然竞赛，具有在精神上是完整的有机体的东西。习近平总书记指出："文艺巨制无不

---

① 《习近平总书记重要讲话文章选编》，中央文献出版社2016年版，第204页。
② 习近平：《在文艺工作座谈会上的重要讲话》，《人民日报》2015年10月15日第1版。

是厚积薄发的结晶，文艺魅力无不是内在充实的显现。"① 一方面，创作主体要有"工匠精神"意识，来强化创作标准。2016 年 3 月，李克强总理在《政府工作报告》中强调，要"培育精益求精的工匠精神"②。"工匠精神"是指以工匠极致的态度对自己的产品精到细琢、精益求精和追求完美的精神理念，其内涵就是严谨专注、精雕细琢和精益求精。当今社会心浮气躁，追求"周期短、投资少、见效快"，从而忽略了艺术作品的品质灵魂。因此，"工匠精神更是一种时代的精神，去除浮躁、单纯的功利心理，将工作事物看作有灵性的生命本体，而非单纯的价值客体"③。从文艺创作的角度来看，创作主体要真正走心、用心，弘扬人民所需要的主旋律，不以绝对的经济效益为创作目标，这就要求创作主体要自觉抵制不分是非、颠倒黑白的错误倾向，自觉摒弃低俗、庸俗、媚俗的低级趣味，自觉反对拜金主义、享乐主义、极端个人主义的腐朽思想。坚决摒弃急功近利的浮躁心理，发扬孜孜以求、精益求精的工匠精神；坚决破除唯市场化、唯经济效益的错误创作取向，坚守文艺创作的审美理想，保持文艺创作的独立价值，把艺术理想融入党和人民的事业之中，做到胸中有大义、心中有人民、肩头有责任、笔下有乾坤，推出更多反映时代呼声、展现人民奋斗、振奋民族精神、陶冶高尚情操的优秀作品。另一方面，创作主体必须深刻认识到中国主题性绘画是一种特殊的文化精神产品，关乎于社会风尚的养成和精神文明的构建，自觉担当精神文化产品经营者的社会责任感，处理好国家政策、市场需求与艺术追求三者的"平衡点"。在创作生产过程中，增强道德自律，远离"娱乐至上""历史虚无主义""三俗"和摆脱"一切向钱看"的功利主义经营思维，正确地对待和处理经济效益和社会效益之间的关系，坚持社会效益放在首位。按照习近平总书记在中国文联十大、中国作协九大开幕式上的讲话中对广大文艺工作者要求的那样："要做

---

① 习近平：《在文艺工作座谈会上的重要讲话》，《人民日报》2015 年 10 月 15 日第 1 版。

② 李克强：《政府工作报告》，2018 年 3 月，中新网（http://www.chinanews.com/gn/2018/03—22/8473808.shtml）。

③ 高路：《文艺创作中"工匠精神"的历史传承与当代培育》，《中华文化论坛》2017 年第 5 期。

真善美的追求者和传播者，把崇高的价值、美好的情感融入自己的作品，引导人们向高尚的道德聚拢，不让廉价的笑声、无底线的娱乐、无节操的垃圾淹没我们的生活。"

（2）坚持德艺双馨的职业操守和创作为人民服务的精品力作。进入全面决胜小康社会的关键阶段，我国亟须文艺凝聚精气神、传播正能量，通过大量弘扬积极进取、健康向上的优秀艺术作品，激发全社会团结奋进，为实现"中国梦"提供强大的精神动力。这就要求创作主体一方面坚持创作为人民服务的艺术作品，习近平总书记有关文艺系列讲话精神，都深刻强调艺术为人民服务是根本的、原则性的问题，需要创作主体克服浮躁情绪，静下心来走到人民中间，想人民所想，思人民所思，弘扬人民所需要的主旋律，杜绝唯经济效益思维，努力创作出人民大众喜闻乐见的优秀艺术作品。另一方面，坚持创作为社会主义服务的艺术作品。当今，在不良思潮的引导下，出现了"去思想化""去价值化""去历史化""去中国化""去主流化"的不良思潮，因此，创作主体更要坚持艺术创作不忘初心，努力创作讴歌党、讴歌祖国、讴歌人民、讴歌英雄的高品质中国主题性绘画作品，"要努力追求真才学、好德行、高品位，做到立身立德立言、德艺双馨，成为先进文化的践行者、社会风尚的引领者，在为祖国、为人民立德立言中成就自我、实现价值"①。此外，"文艺工作者须忠实于自己的良知，时代赋予文艺作品旺盛的生命力，文艺工作者要与人民和时代共呼吸"②。除了要有良好的人品文品和融入时代之外，当下的创作主体还要坚守文化自信，用文艺振奋民族精神，通过优秀的作品把中华优秀传统文化的精华传入人民的头脑中去。

3. 中国主题性绘画的接受群体主要职责是接受并完善"主旋律"

中国主题性绘画的接受群体在欣赏艺术作品的过程中提高审美修养，潜移默化地接受思想教育，并且丰富和完善了中国主题性绘画的思想政治教育育人功能。中国主题性绘画的"三维循环"机制，不仅需

---

① 徐福山：《论当代文艺工作者的价值取向》，《艺术评论》2016 年第 8 期。
② 陈彦：《论我国当下文艺创作：讲好有价值持守的中国故事》，《党政干部参考》2014年第 2 期。

要监管主体与创作主体之间协调合作，更需要接受群体的检验和完善这一循环模式。"从文化消费情况来看，人民的精神文化生活质量和水平参差不齐，人的精神文化生活存在着工具理性有余、价值理性不足的问题。"① 一些接受群体长期受传统观念制约，持有"艺术无用论"，片面强调物质生活的改善，忽略精神文明的重要性；有的接受群体鉴赏能力不高，面对良莠不齐的艺术作品，无法辨别哪些是文明向上，哪些是腐朽落后；还有的接受群体没有脱离低级趣味，热衷于"三俗"艺术作品，对西方腐朽文化怀着猎奇心态等。因此从接受群体层面来提高自身的文化素养和艺术鉴赏力，是发挥中国主题性绘画思想政治教育功能的重要举措。

（1）坚持正确的马克思主义世界观。接受群体无论何种途径、何种环境欣赏和消费艺术作品，都是作为消费者在消费精神文化产品。接受群体的文化消费观念决定其在欣赏和消费过程中的甄别能力。伴随着西方消费主义、享乐主义的思潮泛滥和人民物质生活水平的提高，各种盲目、追求时尚、渴望一定的物质享受的消费层出不穷。一方面，马克思主义世界观既反对奢侈的过度消费，又反对抑制的紧缩消费，而是提倡坚持适度的消费观念。坚持马克思主义世界观可以增强接受群体的自律意识，在消费过程中保持清醒的判断力和自我调控力，明确自己的消费需求、消费目标和消费客体，在社会舆论宣传的消费环境下保持清醒的认识，控制自身消费欲望的膨胀积极主动地做出消费选择。另一方面，要实现人的自由全面发展，就要人民树立正确的马克思主义世界观。进行文化艺术消费的首要目的是满足自身精神文化的需求，进而促进自身的全面发展。当下时尚新颖却内容空洞的艺术作品充斥着艺术市场，导致部分接受群体往往热衷追求、盲目消费，很难提高人民的审美旨趣。所以坚持正确的马克思主义世界观，接受群体可以理性地做出艺术消费选择，提升自身的文化素养。

（2）树立正确的价值观和崇高的理想信念。改革开放的深入和社会主义市场经济的发展，不仅给我国社会带来了机遇，同时也带来严峻

---

① 李春华：《文化生产健康发展的主体保障》，《学术论坛》2014 年第 2 期。

的挑战，西方意识形态的冲击，深刻影响着人民群众的文化消费观念。因此，接受群体自觉提高自身的主观认识，可以更好地树立正确的审美追求和实现人的自由发展。一方面，社会积极创造各种有利条件帮助接受群体树立正确的消费观的同时，接受群体更应该积极主动确立正确的世界观、人生观和价值观，并积极发挥主观能动性，主动参与到消费教育活动中来，以自我教育为基础和前提，使自我教育在消费观教育中发挥最大效用。另一方面，接受群体应该树立崇高的理想信念。有了理想信念，就有了生活前进的动力和方向，就不会在人生的旅途中迷茫。具体来说，就是要坚定马克思主义信仰和追求人的自由全面发展。历史证明，马克思主义理论是科学正确的，坚定马克思主义信仰，不仅为我国道路发展指明了正确方向，同样也成为广大人民群众确立的崇高的奋斗目标，不会在当前的各种不良思潮的干扰下，偏离人生的奋斗目标。人的自由全面发展，不仅是共产主义社会的本质特征，也是广大人民群众努力奋斗的个人目标。"人只有在认识世界和实践活动中充分地发展，才能实现人类本质和个体性格的自由全面发展。"①

综上所述，来自主体层面的"三维循环"模式的有效运营，强调在厘清监管主体、创作主体和接受群体三者关系的基础之上，明晰三者的职责权限，监管主体坚持强化并引导"主旋律"，为创作主体指明创作目的和方向；创作主体坚持创作并弘扬"主旋律"，提升接受群体的文化修养和鉴赏力；接受群体自觉接受和完善"主旋律"，反馈并完善监管主体设立的法律法规，三者互相协调、互相配合，共同促进中国主题性绘画的思想政治教育育人功能的延展突破。

二　"文化＋"与"互联网＋"业态融合机制

"业态"一词来源于日本，是经济学词汇，出现在 20 世纪 60 年代。日本的安士敏先生认为："业态定义为营业的形态，它是形态和效能的统一，形态即形状，它是达成效能的手段。"而文化业态是指以"文化

---

① 何英：《马克思主义文艺理论在当前中国的实践：问题与解决路径》，上海大学出版社2018 年版，第 150 页。

创意"为核心，通过科学技术手段介入和产业化的方式制造、营销不同形态的文化产品的行业。2017 年 10 月，习近平总书记在党的十九大报告中明确提出："健全现代文化产业体系和市场体系，创新生产经营机制，完善文化经济政策，培育新型文化业态。"① 国家统计局将文化艺术服务业列为八类"文化产业"范围中的一类，其中，文化产业的业态还包括文化艺术业。由此可见，文艺产业作为文化业态的一部分，其文化业态的发展能够促进文艺事业的发展，对中国主题性绘画的创作和发展也会产生积极影响。此外，互联网作为文化产业宣传、交流平台，提升其科技含量，能够给正能量的中国主题性绘画创作和发展以新的生产方式和传播形式，促进中国主题性绘画的思想政治教育育人功能的发挥。因此，中国主题性绘画创作和发展，要走业态融合之路，通过"文化＋"和"互联网＋"的模式促进传统业态与现代业态的融合，提升中国主题性绘画创作发展的文化价值与科技含量，促进其内容与形式的创造性转化和创新性发展，在推动文化产业健康发展中，促进中国主题性绘画的思想政治教育育人功能有效发挥。

1. 以"文化＋"模式提升文艺产业的文化价值促进思想政治教育功能的发挥

以"文化＋"的模式促进文艺产业的跨界整合，提升中国主题性绘画的精神文化价值，提供更多的传承载体和传播途径，促进中国主题性绘画的思想政治教育功能的发挥。

（1）要明确"文化＋"的内涵，即什么文化融入文艺产业之中，这是中国主题性绘画能够发挥思想政治教育功能的前提。不是所有的文艺都可以套入"文化＋"的模式中，从文化的性质来说，应该运用健康向上的、积极乐观的正能量文化，而非消极负面的、腐朽落后的负能量文化，应该运用能够体现社会主义性质、维护国家意识形态、传播中国精神的文化，而非反党反社会、危害国家安全的文化；从文化的针对性来说，结合和融入不同的文化产业，根据不同产业特色的思想文化，

① 习近平：《决胜全面建成小康社会　夺取新时代中国特色社会主义伟大胜利——在中国共产党第十九次全国代表大会上的报告》，人民出版社 2017 年版，第 44 页。

丰富和发展中国主题性绘画的思想内涵和精神价值；从文化动态发展来说，"文化＋"不是永恒不变的，要根据文化发展的趋势不断调整文化内涵，加入新的思想观念，体现中国主题性绘画的时代特色。

（2）要明确"文化＋"的外延，即文化与哪些产业相融合，寻找中国主题性绘画发挥思想政治教育功能的合适载体。如前文所述，发挥中国主题性绘画的思想政治教育功能的载体，包括以新闻出版物、自媒体、公共文化、公共基础设施为载体，延伸产业链，提高附加值。因此，进一步加强"文化＋传媒""文化＋信息""文化＋公共设施"等产业跨界融合，达到社会共建、社会共享，发挥社会效益。

（3）要明确"文化＋"的目标，即文化与相关产业融合的目的是什么。一方面，在我国市场经济发展新常态下，"文化＋"可以促进文化产业链的延伸，形成新的文化盈利模式，将文化创意产品和美术馆、博物馆等结合，如"把故宫文化带回家"等的营销模式，既宣传了其文化内涵，又增加了其经济收入，提高了文化产业的附加值，实现了其产业的经济效益，增强了国家物质硬实力；另一方面，在建设文化强国的背景下，"文化＋"拓宽中国主题性绘画传播的辐射面，发挥艺术在思想政治教育中的作用，"弘扬民族精神和时代精神，加强爱国主义、集体主义、社会主义教育，引导人民树立正确的历史观、民族观、国家观、文化观"[①]。实现文化的社会效益，提升国家文化软实力。

2. 以"互联网＋"模式提升中国主题性绘画创作发展的现代化程度，促进思想政治教育功能的发挥

随着互联网技术和新媒体的发展，大量的网络文艺作品不断涌现，深刻影响着人民的价值观，以"互联网＋"的模式促进文化业态融合，可以提升中国主题性绘画创作发展的科技含量，给正能量的思想和文化内容以新的展现形式，有效促进中国主题性绘画的思想政治教育育人功能的发挥。

（1）以"互联网＋"可以丰富中国主题性绘画的思想内容的呈现形式，增强中国主题性绘画的文化内容的可接受性和生动性。一方面，

---

① 习近平：《决胜全面建成小康社会　夺取新时代中国特色社会主义伟大胜利——在中国共产党第十九次全国代表大会上的报告》，人民出版社 2017 年版，第 43 页。

运用"互联网 +"搭建中国主题性绘画的展示平台，使更多的中国主题性绘画资源通过网络平台展示给大众，也使大众可以通过网络接触到更多的文化资源，拓宽和便捷大众接受教育的途径。另一方面，运用"互联网 +"可以创新中国主题性绘画的思想文化的表现形式，实现其思想内容在动态与静态、虚拟与现实、过去与未来之间的相互转换，如运用数字、3D、4D、虚拟展示等多种高新技术促进传统文化业态的转型升级，改变原有的文化产业的表现形式，实现网络化、数码化，增强思想育人的生动性、理解性和可接受性。上海中华艺术宫使用 3D 多媒体技术在"山行"巨制屏幕上进行全景动态演绎，作品总长有 128 米、高 6.5 米，是将原作放大了近 30 倍，整件作品结合声、光、电的效果，使观众身临其境，仿佛正置于一场古今交融的超时空对话之中。可见通过多媒体技术不仅改变了艺术作品的存在方式，而且能够通过不同的审美视角，深入挖掘中华优秀传统文化蕴含的思想内涵、人文精神，更好地展现作品的艺术魅力，更容易被大众接受，内化于心。

（2）以"互联网 +"转变思想内容的生产运行方式，促使广大受众在参与中接受教育。互联网已经改变了人民的生活方式、审美习惯、思维方式和需求层次，运用互联网的大数据思维，充分挖掘和分析当前受众群体的文化需求和文化喜好，为中国主题性绘画创作和发展提供重要的数据支撑和需求预测，增强其创作的针对性，提升受众群体的接受度。总之，"互联网 +"与文化艺术产业的融合，推动了文化艺术产业的现代化进程，形成了新的生产模式，催生了新的文化业态，同时也促进了文化艺术生产、呈现与传播的转型升级，从而实现了中国主题性绘画创作发展中思想政治教育的育人功能。

结　语

　　习近平总书记在党的十九大报告中指出，要加强和改进思想政治工作，并多次强调，中国革命历史是思想政治教育的营养剂。以革命历史人物和事件为表现对象的中国主题性绘画作品，直观形象且富有感染力，极大地增强了革命历史人物的生动性和革命传统教育的持久性，这是思想政治教育的优质资源。唐代张彦远在《历代名画记》里说："夫画者，成教化，助人伦。"就是说美术作品不仅仅具有陶冶情操的个人功能，还具有宣传主流价值观的社会教化功能。新中国成立以后，中国主题性绘画在思想政治教育中一直发挥着积极作用。中国主题性绘画作品从核心内容到表现形式，再到视觉效果，都是思想政治话语权的理论基础、实践基础以及价值基础的真实反映，其特殊的教育形式是其他传统教育无法比拟的，更易于得到大众普遍接受，育人效果显著。作为思想政治教育重要资源的中国主题性绘画作品，在中国特色的社会主义文化建设中正被赋予新的内涵，发挥育人功能，具有重要的现实意义。

　　中国主题性绘画作为传播党的思想的重要载体，是宣传国家意识形态、弘扬主流价值观念的重要工具，更是新时代文艺满足人民对美好生活需要的必然选择。依据前文的分析和论证，最终形成了如下几个方面的思考和认识。

　　第一，新时期，思想政治教育所面临的任务发生了变化。一是教育的环境发生了变化。由于现代数字技术迅速发展，境内外的敌对势力利用互联网等新兴媒体和技术诽谤党和政府，大肆鼓吹历史虚无主义，丑化英雄，消解青少年的理想信念。一些反华势力的煽动具有较大的欺骗性，使得我们的先烈形象受损，极大地干扰和破坏了革命传统教育。二是教育的对象发生了变化。新时代的年轻人接触信息量大，具有较强的自主意识，再加上大量的负面信息，降低了他们对社会的信任度。抽象的文字和简单的说教并不能真正起到良好的思想政治教育作用，以往行之有效的方法、措施，如今也很难适应新时代的变化，因此，教育的对象发生了变化，必须寻求更有效的方法。三是教育的手段和渠道发生了变化。过去的报纸、广播以及墙报的思想政治教育方法相对传统，已经不适应新时代的需求，如何寻找更为直接有效的思想政治教育手段，以达到事半功倍的效果，是当代思想政治教育工作者必须思考的新课题。

第二，中国主题性绘画的内涵是具体的、历史的。虽然在各个历史阶段，中国主题性绘画创作的动因不同，功能也有较大的区别，但都强调宣传革命理想、弘扬主旋律和传播正能量。中国主题性绘画在各个历史阶段的时代内涵，对民众起着积极的教育作用。中国主题性绘画的育人内容由"单一性"向"多样性"转化，育人结构由"零散性"向"系统性"转化，育人目标由"工具理性"向"价值理性"转化。纵观中国主题性绘画的发展史，可以总结出中国主题性绘画的思想政治教育功能的育人理念应当是紧扣时代主题、反映主流文化和表达人民生活，这些特征变化与发展规律成为中国主题性绘画发挥思想政治教育育人功能的强大动力。然而，新时代、新阶段，中国主题性绘画又将呈现哪些新特点，中国主题性绘画的思想政治教育又将呈现出哪些新功能，仍是一个需要解决的新课题，需要我们进一步深入研究与探讨。

第三，中国主题性绘画发挥育人功能面临诸多机遇与挑战。就本书研究来看，主体层面的"三维循环"机制与外在环境层面的"文化＋"和"互联网＋"的业态融合机制的搭建，在一定程度上能够深化育人功能的发挥，促进中国主题性绘画的思想政治教育育人功能的延展突破。同时，新时期思想政治教育中国主题性绘画的革命美术资源应该灵活应用。首先，积极运用中国主题性绘画中的革命传统教育抢占思想政治教育的舆论制高点。随着互联网技术的不断推广，如何利用新的媒体信息技术重塑英雄的正面形象，还原历史真相就成为当代思想政治教育工作者和艺术工作者的迫切任务。这正是中国主题性绘画作为思想政治教育资源和手段的巨大优势。把握这种优势，也就抢占了思想政治教育的舆论制高点，掌握了思想政治教育的先机。其次，充分把握不同年龄群体特点，运用中国主题性绘画进行分层、分类教育。面对不同的受教育对象，应考虑到不同年龄群体的身心特点和生活习惯，利用健康的艺术作品占领网络阵地，利用英雄和榜样的力量重建人民的人生理想和精神家园，实现其育人功能。再次，充分运用中国主题性绘画的资源优势，掌握思想政治教育话语权。在思想政治教育过程中，充分利用中国主题性绘画这个直观的优势资源，就会比其他力量更容易掌握话语权。如果还局限在传统的杂志报纸宣传和课堂说教，就会限制占领话语权的先机条件。掌握了经典革命美术创作，就是守住了革命传统教育的主要阵地，党和国家陆续推出的爱国主义教育基地、红色旅游项目、革命博物馆主题展、现实主义重大历史题材的美术创作以及国家艺术基金的设立都基于此种考虑。

　　基于以上探讨，并不能解决所有问题，中国主题性绘画的思想政治教育育人功能的优化需要更加深入的理论研究和探索，需要全面的实地调研，更加科学的模型和方法创新。目前对于中国主题性绘画的思想政治教育育人功能的研究，由于笔者的学科基础限制，使现有研究存在的以上问题尚未完善解决，但为进一步深入研究指明了努力的方向；同时，如何走出一条符合中国国情的发展之路，进一步为思想政治教育育人功能的发挥指明方向，需要更多学者的关注，更需要我们坚持不懈、与时俱进地探索与研究。

参考文献

仓道来：《思想政治教育学》，北京大学出版社 2004 年版。

陈万柏、张耀灿：《思想政治教育学原理（第二版）》，高等教育出版社 2007 年版。

陈万柏、张耀灿：《思想政治教育学原理（第三版）》，高等教育出版社 2015 年版。

邓伟：《蔡仪美学论文选》，湖南人民出版社 1982 年版。

《邓小平文选》（第 1—3 卷），人民出版社 1994 年版。

冯刚、沈壮海：《中华人民共和国学校德育编年史》，中国人民大学出版社 2010 年版。

冯刚、郑永廷：《思想政治教育学科 30 年发展研究报告》，光明日报出版社 2014 年版。

龚志宏：《润物细无声——思想政治教育中的无意识教育研究》，河南大学出版社 2006 年版。

郭沫若：《为建设新中国的人民文艺而奋斗》，载《中华全国文学艺术工作者代表大会纪念文集》，新华书店 1950 年版。

何毅亭：《新时期文艺道路的光辉指南——学习习近平文艺工作座谈会重要讲话》，中共中央党校出版社 2015 年版。

何毅亭：《以习近平同志为核心的党中央治国理政新理念新思想新战略》，人民出版社 2017 年版。

胡锦涛：《在庆祝中国共产党成立 90 周年大会上的讲话》，人民出版社 1996 年版。

胡锦涛：《坚定不移沿着中国特色社会主义道路前进　为全面建成小康

社会而奋斗》，人民出版社 2012 年版。

黄可：《中国新民主主义革命美术活动史话》，上海书画出版社 2006 年版。

黄希庭：《当代中国青年价值观与教育》，四川教育出版社 1994 年版。

《江泽民文选》（第 1—3 卷），人民出版社 2006 年版。

江泽民：《论"三个代表"》，中央文献出版社 2001 年版。

李新、陈铁建：《中国新民主主义革命通史·第一卷》，上海人民出版社 2001 年版。

李艳：《大学生应用思想政治教育研究》，东北师范大学出版社 2017 年版。

李泽厚：《美学四讲》，生活·读书·新知三联书店 1989 年版。

李忠军：《意识形态安全与大学生政治价值观研究》，东北师范大学出版社 2008 年版。

《列宁论文学与艺术》（第 1 卷），人民文学出版社 1960 年版。

《列宁全集》（1—60 卷），人民出版社 1984—1990 年版。

《列宁选集》（1—4 卷），人民出版社 1995 年版。

《列宁专题文集》（1—5 卷），人民出版社 2009 年版。

刘小新：《当代大学生主导价值观研究》，首都师范大学出版社 2005 年版。

陆贵山、周忠厚：《马克思主义文艺论著选讲》，中国人民大学出版社 2012 年版。

吕澎：《美术的故事——从晚清到今天》，北京大学出版社 2010 年版。

吕澎：《中国当代美术史》，中国美术学院出版社 2013 年版。

《马克思恩格斯全集》（1—50 卷），人民出版社 1956—1985 年版。

《马克思恩格斯文集》（1—10 卷），人民出版社 2009 年版。

马克思、恩格斯、列宁：《论意识形态》，人民出版社 2009 年版。

《毛泽东文集》（第 1—8 卷），人民出版社 1993—1999 年版。

《毛泽东选集》（第 1—4 卷），人民出版社 1991 年版。

沈壮海：《思想政治教育有效性研究》，武汉大学出版社 2001 年版。

沈壮海、王晓霞、王丹：《中国大学生思想政治教育发展报告 2017》，北京师范大学出版社 2018 年版。

石佩臣：《马克思主义教育思想引论》，高等教育出版社 2017 年版。

斯大林：《斯大林文集》，人民出版社 1985 年版。

汪洋：《艺术与时代的选择——从美术革命到革命美术》，浙江大学出版社 2011 年版。

王德义、陈向阳：《论文化建设——重要论述摘编学习读本》，人民日报出版社 2012 年版。

王树荫：《中国共产党思想政治教育史》，中国人民大学出版社 2016 年版。

王树荫、王炎：《新中国思想政治教育史纲（1949—2009）》，人民出版社 2010 年版。

习近平：《决胜全面建成小康社会　夺取新时代中国特色社会主义伟大胜利——在中国共产党第十九次全国代表大会上的报告》，人民出版社 2017 年版。

《习近平谈治国理政》（第二卷），外文出版社 2017 年版。

《习近平谈治国理政》，外文出版社 2014 年版。

习近平：《在庆祝改革开放 40 周年大会上的讲话》，人民出版社 2018 年版。

习近平：《之江新语》，浙江人民出版社 2013 年版。

杨仁忠：《公共领域论》，人民出版社 2009 年版。

杨绍安、王安平、刘惠：《现代思想政治教育学原理》，西南交通大学出版社 2013 年版。

杨晓慧：《大学生管理研究》，高等教育出版社 2012 年版。

杨晓慧：《当代大学生成长规律研究》，人民出版社 2010 年版。

杨晓慧：《社会主义核心价值体系融入大学生思想政治教育全过程的基本问题研究》，人民出版社 2011 年版。

余连祥：《中国现代美学名家文丛（丰子恺卷）》，浙江大学出版社 2009 年版。

余谋昌：《生态文化论》，河北教育出版社 2001 年版。

余秀兰：《谈高校德育的功能》，《上海高教研究》1996 年第 2 期。

袁贵仁：《价值观的理论与实践：价值观若干问题的思考》，北京师范大学出版社 2006 年版。

袁桂林：《当代西方道德教育理论》，福建教育出版社 1995 年版。

张澍军：《德育哲学引论》，中国社会科学出版社 2008 年版。

张澍军：《思想政治教育理念前沿论略》，人民出版社 2015 年版。

张耀灿、郑永廷、吴潜涛、骆郁廷等：《现代思想政治教育学》，人民出版社 2006 年版。

张耀灿等：《现代思想政治教育学》，人民出版社 2006 年版。

赵康太：《当代思想理论教育前沿问题纵论》，武汉大学出版社 2007 年版。

郑永廷：《思想政治教育学原理》，高等教育出版社 2016 年版。

《中国共产党历史第二卷（1949—1978）（上、下）》，中共党史出版社 2011 年版。

《中国共产党历史第一卷（1921—1949）（上、下）》，中共党史出版社 2011 年版。

《十八大以来重要文献选编（上、中、下）》，中央文献出版社 2014、2016、2018 年版。

《十六大以来重要文献选编（上、中、下）》，中央文献出版社 2005、2006、2008 年版。

《十七大以来重要文献选编（上、中、下）》，中央文献出版社 2009、2011、2013 年版。

《十四大以来重要文献选编（上、中、下）》，人民出版社 1996、1997、1999 年版。

《十五大以来重要文献选编（上、中、下）》，人民出版社 2000、2001、2003 年版。

《习近平新时代中国特色社会主义思想三十讲》，学习出版社 2018 年版。

《习近平总书记系列重要讲话学习读本》，学习出版社 2015 年版。

《习近平总书记在文艺工作座谈会上的重要讲话学习读本》，学习出版社 2015 年版。

《中国改革开放以来的美术思潮》中国文联出版社 2014 年版。

《建国以来重要文献选编（第 16 册）》，中央文献出版社 1997 年版。

周中之、石书臣：《社会主义核心价值体系教育探究》，上海人民出版社 2013 年版。

祖国华：《思想政治教育审美问题研究》，人民出版社 2015 年版。

［德］黑格尔：《美学·第一卷》，朱光潜译，商务印书馆 1986 年版。

［德］康德：《判断力批判导言》，邓晓芒译，人民出版社 2002 年版。

［德］席勒：《审美教育书简》，张玉能译，译林出版社 2009 年版。

［美］阿普尔：《文化政治与教育》，阎光才译，教育科学出版社 2005 年版。

［美］约瑟夫·奈：《软实力》，马娟娟译，中信出版社 2013 年版。

后　记

　　本书写作历时两年之久，在撰写过程中，从美术实践到理论探索，这种写作思维的转换时常力不从心，也让我深刻感受到完成一部著作的艰辛，其间几度易稿，也使我文艺理论水平得到了很大的提高。虽然终于完成，但仍有许多不妥之处，依然存在很大的问题和不足。

　　本书撰写之初，我从知网、图书馆、报纸报刊、微信、微博甚至手机新闻等不同渠道和角度搜集文献，来丰富和支撑本书内容。本书成书，从选题到谋篇，首先要感谢的是我的导师李艳教授，幸有恩师教导，求学之路受用终身。说到"增删十次"，数易其稿，都不为过。在写作方向选择上，我和老师也是上百次的反复研讨，最后考虑到本书既属于思想政治教育的学科话语，又要结合我专业优势米提高本书的应用价值，最后确定本书题目。在本书撰写过程中，老师不厌其烦地给予我许多宝贵意见，并且通过每周例会研讨的方式，动员大家给我指出不足之处。在本书撰写期间，我同时获得国家艺术基金青年资助项目，以及省部级等以上课题，也印证了本书研究方向的正确性，我也将持续研究下去。感谢我的导师不仅教导我"学问之术"，还教我"为人之道"；也让我认识到"众志成城，金石为开"的团队合作重要性。

　　其次，感谢杨晓慧教授，把我纳入思想政治教育研究中心这个团队，让我切实感受到，一个人的成功离不开团队合作。感谢高地教授，在工作中给予我的帮助和鼓励，让我有机会参与中心事务，使我不断成长。

　　再次，感谢思想政治教育研究中心的各位老师悉心指导，在开题、预答辩以及答辩之时，老师们认真的指点，使本书更加完善。

　　这一过程让我感慨良多，但我最想说的是：最大的感恩就是不负忘，我会怀着感恩的心，努力成长，回报团队。

张　亮

2020 年 1 月

于吉林·东北师范大学思想政治教育研究中心